김재민·김정희·김상원·권수전·서희명 공저

교양

중국어 첫걸음

MP3 파일
다운로드
www.jncbook.co.kr

제이앤씨
Publishing Company

머리말

　최근 들어 우리나라를 찾아오는 중국인 관광객들이 폭발적으로 늘고 있다. 요즈음 시내 중심가인 광화문이나 시청, 쇼핑센터나 면세점이 밀집해 있는 동대문이나 명동, 놀이공원이 있는 잠실이나 용인, 심지어는 대형 찜질방이 있는 용산이나 마포에 나가보면 단체나 개인으로 여행을 온 중국인 관광객들을 어렵지 않게 볼 수 있다. 바야흐로 중국인 관광객의 시대가 열린 것이다. 통계를 보더라도 우리나라를 찾아온 중국인 관광객들은 2012년에는 284만 명, 2013년에는 433만 명, 2014년에는 613만 명으로 매해 40% 이상씩 증가하고 있다. 이러한 추세대로라면 3년 뒤인 2018년에는 1천만 명의 중국인 관광객이 우리나라를 찾아올 전망이다.

　중국인 관광객의 폭발적인 증가는 우리나라의 경제 생산과 고용 창출에도 막대한 이익을 가져다주고 있다. 최근 한국관광공사의 조사에 따르면 2014년 중국인 관광객이 창출한 생산유발효과는 18조 6천억 원에 이르고, 고용유발효과는 자그마치 34만 명에 이른다고 한다. 그리고 2018년 중국인 관광객 1천만 명 시대가 되면 그들이 쓰고 갈 돈은 우리나라 전체 내수의 10%에 해당하는 30조원에 이르고, 60만 명가량이 이와 관련된 업종에 종사하게 될 전망이라고 한다.

　이러한 장밋빛 전망들을 현실로 만들고 지속적으로 유지하기 위해서는 그에 걸맞는 준비와 노력이 필요하다. 현재 중국인 관광객들은 숙박에서 음식, 의사소통에 이르기까지 많은 부분에서 불편함을 호소하고 있다. 따라서 그들이 한국 관광에 만족하고 중국으로 돌아가 주변 사람들에게 한국 여행을 권하고, 본인도 다시 한국을 방문할 수 있도록 하기 위해서는 다방면에 걸친 개선이 필요하다. 그중에는 국가나

머리말

관련 업계가 정책적이고 조직적으로 나서서 해결해야 할 부분들도 많지만 우리 개개인들의 준비와 노력에 따라 달라질 수 있는 부분도 적지 않다. 첫째, 우리나라를 찾아오는 중국인 관광객들이 더 이상 가난한 나라의 가난한 여행객이 아니라는 점을 제대로 이해하고 다가가는 마음자세가 필요하다. 이를 위해서는 중국의 상황과 중국인들의 문화에 대한 폭넓은 학습이 필요하다. 둘째, 중국인 관광객들의 불편함을 덜어줄 수 있는 최소한의 언어능력을 배양할 필요가 있다. 특히 그들의 한국 관광을 나의 비즈니스 기회로 만들기 위해서는 그들과 자유롭게 소통할 수 있는 수준까지 중국어 회화 능력을 끌어올릴 필요가 있다.

본 교재는 앞으로 펼쳐질 중국인 관광객 1천만 시대에 발맞춰 그들을 제대로 이해하고, 그들과 효과적으로 소통할 수 있는 기초적인 중국어 회화와 문화 상식을 교습하기 위해 준비된 것이다. 중국어 기초 회화 교재임에도 불구하고 중국 문화 상식 부분에 적지 않은 지면을 할애한 것도 바로 이 때문이다. 본 교재를 통한 기초 회화와 문화 학습을 시작으로 중국어와 중국인, 중국에 대한 보다 깊이 있고 지속적인 관심을 이어 나가기 바란다. 그리고 그 속에서 앞으로 찾아올 무궁무진한 기회를 자신의 것으로 만들어나갈 수 있기를 바란다.

2015년 2월
저자 일동

머리말 / 3

준비하기	중국어의 발음 ·· 7
제1과	你好! 안녕하세요! ·· 25
제2과	你好吗? 잘 지내세요? ·· 37
제3과	你叫什么名字? 당신 이름은 무엇입니까? ······················ 49
제4과	你是哪国人? 당신은 어느 나라 사람입니까? ··················· 57
제5과	你家有几口人? 당신은 가족이 몇 명입니까? ··················· 67
제6과	今天几月几号? 오늘은 몇 월 며칠입니까? ······················ 79
제7과	今天天气怎么样? 오늘 날씨 어떻습니까? ······················· 91
제8과	复习 복습 ··· 101
제9과	汉语不太难。 중국어는 그다지 어렵지 않다. ··················· 111
제10과	你爸爸做什么? 당신 아버지는 무엇을 하십니까? ············· 121
제11과	你去哪儿? 어디 가십니까? ······································· 131
제12과	你喜欢什么? 당신은 무엇을 좋아합니까? ······················ 141
제13과	图书馆在哪儿? 도서관은 어디 있습니까? ······················ 151
제14과	我来介绍一下。 제가 소개하겠습니다. ··························· 161
제15과	复习 복습 ··· 175

부록	본문 해석 ··· 186
	연습문제 정답 ·· 190
	단어 색인 ·· 200

교양 **중국어 첫걸음**

교양 중국어 첫걸음

중국어의 발음

1. 중국어의 표기방법

중국어는 중국의 문자인 한자(漢子)로 표기한다. 그러나 한자는 한글이나 영어의 알파벳처럼 표음문자가 아니라 표의문자이기 때문에 반드시 각 글자의 음을 암기해야만 한다. 따라서 중국어를 표기하기 위해서는 다음의 두 가지 방법이 필요하다. 하나는 중국어의 의미를 전달하는 한자이고, 또 하나는 그 한자를 읽을 수 있도록 하는 발음부호이다.

(1) 한자의 표기

한자는 중국어를 표기하는 중국 고유의 문자이다. 한자의 발생은 약 5,000년 전으로 전설의 시대인 삼황오제(三皇五帝)때 황제의 사관(史官)이었던 창힐(蒼頡)이 새와 짐승들의 발자국을 보고 만들었다는 설이 있다. 실존하는 자료로서 가장 오래된 문자는 1903년 은허(殷墟)에서 출토된 은대(殷代)의 갑골문자가 있다.

현재 중국에서 출간된 대형자전에는 5~6만자 정도의 한자가 수록되어 있으며, 통용 한자는 7,000자, 일상적으로 사용하고 있는 상용 한자는 3,500자 정도이다.

한자는 시대의 흐름에 따라 글자 수가 계속 증가하였고, 그에 따라 속자(俗字)나 이체자(異體字) 등도 계속 증가하였기 때문에 한자의 정리와 간략화가 필요하게 되었다. 따라서 중국에서는 1952년 2월 5일 중국문자개혁연구위원회가 성립된 이후, 몇 차례에 걸친 입안과 수정을 통하여 1956년 1월 31일『한자간화방안』을 정식으로 공포(公布)하였다. 이후 1964년 5월에 중국문자개혁위원회는『한자간화방안』을 근거로『간체자총표』를 발표하면서 상용간체자 2,238자를 사용범위로 규정해 놓았다. 따라서 현재 중국에서 사용하는 공식 한자는 간체자(簡體字)이다.

(2) 한어병음방안(汉语拼音方案)

　　현대중국어의 발음표기법으로 널리 사용되는 것이 바로 한어병음자모(漢語拼音子母)이다. 이것은 1958년 2월 중국의 전국인민대표대회 제4차 회의의 비준에 의해 통과된 한어병음방안에 의해 사용된 것으로, 국제적으로 널리 통용되는 알파벳 자모를 이용한 중국어 표기법이다. 이 밖에도 성모표(聲母表), 운모표(韻母表), 성조부호(聲調符號) 등의 규정이 있다.

> 예　　汉　语　----- 한자(簡體字)
> 　　　漢　語　----- 한자(正字, 繁體字)
> 　　　hàn yǔ　----- 한어병음자모
> 　　　h　　　　----- 성모
> 　　　an　　　 ----- 운모
> 　　　`　　　　----- 성조

2. 성모와 운모

(1) 성모(聲母)

　　우리나라 한글의 자음에 해당하는 것으로, 중국어의 자음은 언제나 음절의 처음에만 올 수 있다. 이를 중국에서는 성모라고 한다. 중국어에서 첫소리가 모음으로 시작하는 것은 영성모(零聲母)라고 한다. 받침소리에 n, ng의 자음에 들어가는 것이 있으나 그것은 단독으로 소리를 내지 못하고 모음 뒤에 붙어서 나는 소리이기 때문에 운모(韻母)에 포함시킨다.

> 예　　家 jiā (집) : 'j'가 성모에 해당한다.
> 　　　影 yǐng (그림자) : 첫소리가 모음으로 시작하는 영성모이다.

성모는 모두 21개로 되어 있으며, 다음과 같다.

b, p, m, f, d, t, n, l, g, k, h, j, q, x, zh, ch, sh, r, z, c, s

* **성모의 발음방법**

성모는 발음에 사용되는 발음기관의 부위에 따라 입술소리[순음; 脣音], 혀끝소리[설첨음; 舌尖音], 혀뿌리소리[설근음; 舌根音], 혓바닥소리[설면음; 舌面音], 혀말이소리[권설음; 捲舌音], 잇소리[설치음; 舌齒音]으로 나눌 수 있다.

발음부위	발음방법	성모
쌍순음(雙脣音)	두 입술을 다물었다가 떼면서 발음한다.	b, p, m
순치음(脣齒音)	아랫입술과 윗니를 살짝 부딪쳤다가 떨어뜨리면서 발음한다.	f
설첨음(舌尖音)	혀끝을 윗잇몸 뒤에 붙였다가 떼면서 발음한다.	d, t, n, l
설근음(舌根音)	혀뿌리에서부터 목구멍을 강하게 마찰하면서 발음한다.	g, k, h
설면음(舌面音)	혓바닥을 평평하게 하고 혀 전체를 이용하여 발음한다.	j, q, x
권설음(捲舌音)	혀끝을 말아 올려 입천장의 딱딱한 부분에 대고 발음한다.	zh, ch, sh, r
설치음(舌齒音)	혀끝을 펴서 앞으로 쭉 내밀고 윗니 뒷부분과 마찰하면서 발음한다.	z, c, s

(2) 운모(韻母)

우리나라 한글의 모음에 해당하는 것으로, 음절에서 성모를 제외한 나머지 부분을 말한다. 앞서 성모에서 설명하였듯이 우리나라의 모음과는 달리 n, ng의 자음소리를 가지고 있는 것도 있다.

운모는 모두 39개로 되어 있으며, 이를 도표로 정리하면 다음과 같다.

	-i[ɿ] [ʅ]	i [i]	u	ü
단운모 (單韻母)	a	ia	ua	
	o		uo	
	e			
	ê	ie		üe
	er			
복운모 (複韻母)	ai		uai	
	ei		uei	
	ao	iao		
	ou	iou		
비운모 (鼻韻母)	an	ian	uan	üan
	en	in	uen	ün
	ang	iang	uang	
	eng	ing	ueng	
	ong	iong		

한어병음 음절표

성모\운모	a	o	e	i	er	ai	ei	ao	ou	an	en	ang	eng	-ong	-i	-ia	-iao	-ie	-iu	-ian	-in	-iang	-ing	-iong	-u	-ua	-uo	-uai	-ui	-uan	-un	-uang	-ü	-üe	-üan	-ün
	a	o	e		er	ai	ei	ao	ou	an	en	ang	eng																							
b	ba	bo				bai	bei	bao		ban	ben	bang	beng		bi		biao	bie		bian	bin		bing		bu											
p	pa	po				pai	pei	pao	pou	pan	pen	pang	peng		pi		piao	pie		pian	pin		ping		pu											
m	ma	mo	me			mai	mei	mao	mou	man	men	mang	meng		mi		miao	mie	miu	mian	min		ming		mu											
f	fa	fo					fei		fou	fan	fen	fang	feng												fu											
d	da		de			dai	dei	dao	dou	dan	den	dang	deng	dong	di		diao	die	diu	dian			ding		du		duo		dui	duan	dun					
t	ta		te			tai		tao	tou	tan		tang	teng	tong	ti		tiao	tie		tian			ting		tu		tuo		tui	tuan	tun					
n	na		ne			nai	nei	nao	nou	nan	nen	nang	neng	nong	ni		niao	nie	niu	nian	nin	niang	ning		nu		nuo			nuan			nü	nüe		
l	la		le			lai	lei	lao	lou	lan		lang	leng	long	li	lia	liao	lie	liu	lian	lin	liang	ling		lu		luo			luan	lun		lü	lüe		
z	za		ze	zi		zai	zei	zao	zou	zan	zen	zang	zeng	zong											zu		zuo		zui	zuan	zun					
c	ca		ce	ci		cai		cao	cou	can	cen	cang	ceng	cong											cu		cuo		cui	cuan	cun					
s	sa		se	si		sai		sao	sou	san	sen	sang	seng	song											su		suo		sui	suan	sun					
zh	zha		zhe	zhi		zhai	zhei	zhao	zhou	zhan	zhen	zhang	zheng	zhong											zhu	zhua	zhuo	zhuai	zhui	zhuan	zhun	zhuang				
ch	cha		che	chi		chai		chao	chou	chan	chen	chang	cheng	chong											chu	chua	chuo	chuai	chui	chuan	chun	chuang				
sh	sha		she	shi		shai	shei	shao	shou	shan	shen	shang	sheng												shu	shua	shuo	shuai	shui	shuan	shun	shuang				
r			re	ri				rao	rou	ran	ren	rang	reng	rong											ru	rua	ruo		rui	ruan	run					
j																jia	jiao	jie	jiu	jian	jin	jiang	jing	jiong									ju	jue	juan	jun
q																qia	qiao	qie	qiu	qian	qin	qiang	qing	qiong									qu	que	quan	qun
x																xia	xiao	xie	xiu	xian	xin	xiang	xing	xiong									xu	xue	xuan	xun
g	ga		ge			gai	gei	gao	gou	gan	gen	gang	geng	gong											gu	gua	guo	guai	gui	guan	gun	guang				
k	ka		ke			kai	kei	kao	kou	kan	ken	kang	keng	kong											ku	kua	kuo	kuai	kui	kuan	kun	kuang				
h	ha		he			hai	hei	hao	hou	han	hen	hang	heng	hong											hu	hua	huo	huai	hui	huan	hun	huang				
y	ya							yao	you	yan		yang		yong	yi						yin		ying										yu	yue	yuan	yun
w	wa	wo				wai	wei			wan	wen	wang	weng												wu											

3. 성조(聲調)

성조는 중국어의 특징 중의 하나로, 중국어 음절에서 음의 높낮이를 가리킨다. 성조에는 제1성, 제2성, 제3성, 제4성의 네 가지가 있다. 똑같은 성모와 운모를 가진 한자라 하더라도 성조가 다르면 그 뜻이 완전히 달라지기 때문에, 성조는 의미를 변별하는 기능을 가지고 있을 뿐만 아니라 중국어를 음악적으로 들리게 해 준다. 또한 이 밖에 경성(輕聲)이라는 것도 있다.

(1) 성조의 표기법과 발음법

1) 제1성(ˉ)

처음부터 끝까지 높은 음으로 유지하며 길게 발음한다.

예 妈 mā 엄마

2) 제2성(´)

가장 높은 위치까지 단번에 올려 발음한다.

예 麻 má 삼베

3) 제3성(ˇ)

가장 낮은 위치까지 내려갔다가 살짝 올려 발음한다.

예 马 mǎ 말

4) 제4성(`)

가장 높은 음에서 가장 낮은 음으로 촉급하게 끌어내려 발음한다.

예 骂 mà 꾸짖다. 욕하다.

5) 경성( )

이상의 네 가지 성조 외에 원래의 성조를 잃고 가볍고 짧게 발음하는 경성이 있다. 경성은 항상 다른 성조의 뒤에 위치하며 아무런 표기를 하지 않는다.

예 我的 wǒde 나의 / 桌子 zhuōzi 탁자 / 看看 kànkan 보다

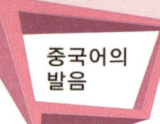
중국어의 발음

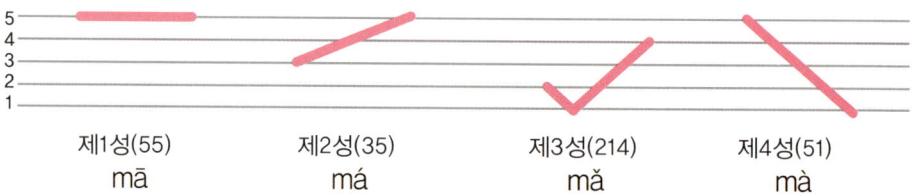

성조 표기	제1성	제2성	제3성	제4성	경성
	ˉ	´	ˇ	`	

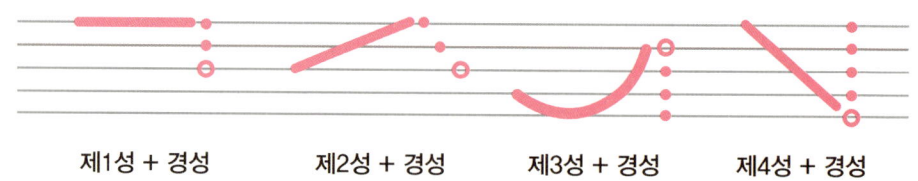

(2) 성조의 변화

1) 제3성이 제1성, 제2성, 제4성, 경성과 결합하는 경우

앞의 제3성은 반(半)3성으로 발음한다. 반3성이란 제3성에서 음이 낮게 깔리고 끝부분이 올라가지 않는 것을 말한다.

제3성 + 제1, 2, 4성, 경성 ⇒ 반3성 + 제1, 2, 4성, 경성

2) 제3성이 제3성과 결합하는 경우

앞의 제3성은 제2성으로 발음한다.

제3성 + 제3성 ⇒ 제2성 + 제3성

3) '一'와 '不'의 변화

원래 성조	예시 단어	변화 전	변화 후	뜻	설명
一 yī	一天	yītiān	yìtiān	하루	'一'는 원래 제1성이지만, 제1성, 제2성, 제3성 앞에서는 제4성으로 읽고, 제4성 앞에서는 제2성으로 읽는다.
	一年	yīnián	yìnián	1년	
	一起	yīqǐ	yìqǐ	같이, 함께	
	一句	yījù	yíjù	한마디	
不 bù	不谢	bùxiè	búxiè	천만에요	'不'는 원래 제4성이지만, 제4성 앞에서는 제2성으로 읽는다.
	不是	bùshì	búshì	아니다	

4. 한어병음방안의 철자규칙

(1) 'y'와 'w'의 사용

1) 'i'로 시작되는 운모의 경우

① 'i' 단독으로 음절을 이루는 경우에는 'i' 앞에 'y'를 덧붙여 표기한다.
   예) 一: i → yī / 因: in → yīn / 英: ing → yīng

② 'i' 뒤에 다른 모음이 따라오면 'i'를 'y'로 바꾸어 표기한다.
   예) 牙: ia → yá / 腰: iao → yāo / 烟: ian → yān / 羊: iang → yáng

2) 'u'로 시작되는 운모의 경우

① 'u' 단독으로 음절을 이루는 경우에는 'u' 앞에 'w'를 덧붙여 표기한다.
   예) 五: u → wǔ / 乌: u → wū

준비하기 중국어의 발음 **15**

② 'u' 뒤에 다른 모음이 따라오면 'u'를 'w'로 바꾸어 표기한다.

예 娃: ua → wá / 歪: uai → wāi / 万: uan → wàn / 王: uang → wáng

3) 'ü'로 시작되는 운모인 경우

단독으로 음절을 이루거나 뒤에 다른 모음이 오는 그 어떤 경우든지 모두 다 'yu'로 바꾸어 표기한다.

예 鱼: ü → yú / 月: üe → yuè / 元: üan → yuán

* 이처럼 'y'와 'w'를 사용하는 주된 이유는 두 음을 연속해서 쓸 경우, 각 음절의 한계를 분명하게 하기 위한 것이다. 예를 들면, '외투'라는 뜻의 중국어 '大衣'의 음을 한 음절씩 따져 보면 大[dà]衣[i]로, 이를 붙여 쓰면 'dài'가 된다. 이렇게 되면 두 음절이 아닌 한 음절로 오해하기 쉽기 때문에, 이를 '大衣 dàyī'로 표기하면 음절이 분명해진다.

(2) 격음부호[']의 사용

다른 음절 뒤에 'a, o, e'로 시작되는 음절로 된 단어가 올 경우, 각 음절의 사이에 격음부호[']를 사용하여 음절을 명확하게 구분한다.

예 先: xiān / 西安: xī'ān

　　山歌: shāngē / 上颚: shàng'è

(3) 'ü'의 두 점 생략

'ü'는 성모 중 'n, l, j, q, x' 5개의 성모와만 결합하여 발음된다. 이 중 'n'과 'l'은 뒤에 'u'가 올 수 있기 때문에 'ü'와 'u'를 구분하여 사용하여야 하지만, 'j, q, x'의 경우에는 'u'와 결합할 수 없기 때문에 'u'라고 표기되어 있어도 실제 발음은 'ü'이다.

예 怒: nù / 女: nǔ

　　路: lù / 旅: lǚ

　　句: jù / 去: qù / 需: xū

(4) 음절의 띄어쓰기

음절이 여러 개로 이루어졌다 하더라도 하나의 단어이면 붙여 쓴다.

예 太阳: tàiyáng / 理想: lǐxiǎng / 电影明星: diànyǐngmíngxīng

(5) 대문자의 사용

문장 맨 앞에 오는 음절이나 사람 이름 및 지명과 같은 고유명사의 경우, 한어병음으로 표기할 때 그 첫음절은 대문자로 표기한다.

예 毛泽东: Máozédōng / 天安门: Tiān'ānmén / 万里长城: Wànlǐchángchéng

(6) 성조의 표기

1) 음절에 운모가 하나인 경우에는 무조건 그 하나의 운모 위에 표기한다.

예 妈: mā

2) 'i'에 표기할 경우에는 [·]을 생략하고 그 자리에 표기한다.

예 一: yī

3) 'i'와 'u'가 함께 나올 경우에는 뒤에 위치한 운모에 표기한다.

예 丢: diū   对: duì

4) 운모가 3개 이상 겹칠 경우에는 'a > o = e > i = u = ü'의 순서에 따라 표기한다.

예 票: piào   国: guó

5) 경성은 따로 성보부호를 표기하지 않는다.

예 妈妈: māma

중국어의 발음

5. 얼화(儿化)

중국어를 할 때 '花儿 huār'처럼 어미가 권설운모인 'er'의 영향을 받은 것들이 있다. 이처럼 원래 운모의 어미가 권설음 어미로 되는 어음변화를 'er화(儿化)'라고 한다.

　얼화는 중국어 중에서도 북경어의 한 특징으로, 듣는 이로 하여금 어감을 부드럽게 해준다.

(1) 얼화의 발음표기법과 발음방법

1) **a, o, e, u**로 끝나는 음절 뒤에 **'er'**이 오는 경우
　➡ 'er'의 e는 생략하고, '-r'만 덧붙여 발음한다.
　　예 花儿: huā + er ⇒ huār / 歌儿: gē + er ⇒ gēr

2) **ai, ei, ui**처럼 **'i'**로 끝나는 음절 뒤에 **'er'**이 오는 경우
　➡ 'er'의 e는 생략하고 '-r'만 덧붙인다. 이때 앞 음절의 'i'는 발음하지 않는다.
　　예 小孩儿: xiǎohái + er ⇒ xiǎoháir / 味儿: wèi + er ⇒ wèir

3) **an, en, un**처럼 **'n'**으로 끝나는 음절 뒤에 **'er'**이 오는 경우
　➡ 'er'의 e는 생략하고, '-r'만 덧붙인다. 이때 앞 음절의 'i'는 발음하지 않는다.
　　예 一点儿: yīdiǎn + er ⇒ yīdiǎnr / 玩儿: wán + er ⇒ wánr

4) 운미가 없고 주요 모음이 **'i', 'ü'**로 끝나는 음절 뒤에 **'er'**이 오는 경우
　➡ 운미 뒤에 'er'을 덧붙여 발음한다.
　　예 小鸡: xiǎojī + er ⇒ xiǎojīer / 金鱼: jīnyú + er ⇒ jīnyúer

5) 설치음[zi, ci, si]과 권설음[zhi, chi, shi] 뒤에 'er'이 오는 경우
   ➡ 앞 음절의 'i'는 소리를 내지 않고, 'er'의 e는 표기시에는 생략하고 발음 시에 'e'를 넣는다.
   예 子儿: zǐ + er ⇒ zǐr / 没事儿: méishì + er ⇒ méishìr

6) ong, ing처럼 'ng'로 끝나는 음절 뒤에 'er'이 오는 경우
   ➡ 'er'의 e는 생략하고, 앞 음절의 'ng'는 발음하지 않는다. 단, 발음할 때 비음화 한다.
   예 有空儿: yǒukòng + er ⇒ yǒukòngr
      电影儿: diànyǐng + er ⇒ diànyǐngr

쓰기 연습

1 ➡ 성모(聲母)

bo	bo							
po	po							
mo	mo							
fo	fo							
de	de							
te	te							
ne	ne							
le	le							
ge	ge							
ke	ke							
he	he							
ji	ji							
qi	qi							
xi	xi							

쓰기 연습

zhi	zhi							
chi	chi							
shi	shi							
ri	ri							

zi	zi							
ci	ci							
si	si							

2 운모(韻母)

a	ai ao an ang

a	a							
ai	ai							
ao	ao							
an	an							
ang	ang							

준비하기 중국어의 발음

o	ou ong

o	o							
ou	ou							
ong	ong							

e	ei en eng

e	e							
ei	ei							
en	en							
eng	eng							

i	ia iao ie iou ian in iang ing iong (ya yao ye you yan yin yang ying yong)

i	i							
ia	ia							
iao	iao							

쓰기 연습

ie	ie							
iou	iou							
ian	ian							
in	in							
iang	iang							
ing	ing							
iong	iong							

u	ua uo uai uei uan uen uang ueng
	(wa wo wai uei wan wen wang weng)

u	u							
ua	ua							
uo	uo							
uai	uai							
uei	uei							
uan	uan							
uen	uen							

준비하기 중국어의 발음

uang	uang					
ueng	ueng					

ü	üe ün üan (yue yun yuan)

ü	ü					
üe	üe					
ün	ün					
üan	üan					

er	er					

교양 중국어 첫것음

제 **1** 과

你好!

안녕하세요!

☐	你	nǐ	(대) 너. 당신.
☐	好	hǎo	(형) 좋다. 건강하다.
☐	老师	lǎoshī	(명) 선생님.
☐	同学	tóngxué	(명) 학우. 학교 친구.
☐	们	men	(접미) ~들. [인칭대명사나 사람을 지칭하는 명사 뒤에 쓰여 복수를 나타낸다.]
☐	谢谢	xièxie	감사합니다. 고맙습니다.
☐	不客气	búkèqi	천만에요. 별말씀을요.
☐	对不起	duìbuqǐ	미안합니다.
☐	没关系	méiguānxi	괜찮습니다. 천만에요.
☐	再见	zàijiàn	안녕히 가세요(계세요). 안녕!

1 A: 你好!
Nǐ hǎo!

B: 你好!
Nǐ hǎo!

2 A: 老师好!
Lǎoshī hǎo!

B: 同学们好!
Tóngxuémen hǎo!

3 A: 谢谢!
Xièxie!

B: 不客气!
Búkèqì!

4 A: 对不起。
Duìbuqǐ.

B: 没关系。
Méiguānxi.

5 A, B: 老师, 再见!
Lǎoshī, zàijiàn!

C: 再见!
Zàijiàn!

구문 설명

1 你好!

일상적으로 쓰이는 안부를 묻는 인사로, 상대방도 '你好!'로 대답한다. 시간, 장소, 신분에 관계없이 쓰일 수 있다.

2 '대상+好!'

해당 대상에게 하는 인사.

你好!
Nǐ hǎo !
안녕(하세요)!

您好!
Nín hǎo !
안녕하세요!

你们好!
nǐmen hǎo!
여러분 안녕하세요!

大家好!
Dàjiā hǎo!
여러분 안녕하세요!

老师好!
Lǎoshī hǎo!
선생님 안녕하세요!

同学们好!
Tóngxuémen hǎo!
학우 여러분 안녕하세요!

3 '시간+好!'

시간대별 인사.

早上好!
Zǎoshàng hǎo!
안녕하세요! (아침 인사)

晚上好!
Wǎnshàng hǎo!
안녕하세요! (저녁 인사)

上午好!
Shàngwǔ hǎo!
안녕하세요! (오전 인사)

下午好!
Xiàwǔ hǎo!
안녕하세요! (오후 인사)

4 '시간+见!'

특정한 시간대에 보자는 인사.

晚上见!
Wǎnshàng jiàn!
저녁에 봐요!

明天见!
Míngtiān jiàn!
내일 봐요!

一会儿见!
Yíhuìr jiàn!
잠시 후에 봐요!

구문 설명

5. 기타 인사

早安!
Zǎo'ān!
안녕히 주무셨습니까!

晚安!
Wǎn'ān!
안녕히 주무십시오!

好久不见!
Hǎojiǔ bú jiàn!
오랜만입니다!

慢走!
Mànzǒu!
안녕히 가세요. 조심해서 가세요. 살펴 가세요.
[주인이 손님을 배웅할 때 하는 말]

欢迎光临!
Huānyíng guānglín!
어서 오세요.

拜拜!
Bàibài!
바이바이(bye-bye)! 안녕!

1. 다음 단어의 발음과 뜻을 쓰시오.

   (1) 你　　　　발음 :　　　　　　뜻 :

   (2) 好　　　　발음 :　　　　　　뜻 :

   (3) 老师　　　발음 :　　　　　　뜻 :

   (4) 同学　　　발음 :　　　　　　뜻 :

   (5) 再见　　　발음 :　　　　　　뜻 :

2. 다음 대화를 완성하시오.

   (1) A : 你好!

   　　B :　　　　　　　　　　　　　　　　　!

   (2) A : 谢谢!

   　　B :　　　　　　　　　　　　　　　　　!

   (3) A: 对不起。

   　　B :　　　　　　　　　　　　　　　　　。

   (4) A, B : 老师, 再见!

   　　C :　　　　　　　　　　　　　　　　　!

연습문제

3. 다음 문장을 해석하시오.

(1) 你好!

(2) 谢谢。

(3) 不客气。

4. 다음 문장을 중국어로 작문하시오.

(1) 미안합니다.

(2) 괜찮습니다.

(3) 안녕히 가세요.

쓰기 연습

老师 lǎoshī
뜻

同学 tóngxué

谢谢 xièxie

不客气 búkèqi

对不起 duìbuqǐ

没关系 méiguānxi

再见 zàijiàn

제1과 你好! 33

문화 산책

중국어(中国语)의 의미

'중국어'라는 용어의 의미는 광범위하다. 중국어의 범위는 시간적으로 고대에서 현재까지, 글말(文言)에서 입말(白话)까지, 또한 표준어에서 방언(方言)까지 모두 포함한다. 일반적으로 선진(先秦)시대부터 19세기 이전까지 쓰였던 중국어를 고대 중국어라고 한다. 고대 중국어에서는 글말 중국어와 입말 중국어가 큰 편차를 가지고 있었다. 그러나 19세기 후반 언문일치(言文一致)운동에 힘입어 탄생한 현대 중국어는 이러한 글말과 입말의 차이가 거의 없다.

중국은 56개의 민족으로 구성된 다민족 국가이다. 그들 중 다수는 자신들의 민족어를 사용하고 있다. 이러한 민족어들은 비록 중국이라는 동일한 국경 안에서 사용되고 있지만 각기 서로 다른 민족들이 독자적으로 사용하면서 독특한 언어체계를 형성했기 때문에 엄격한 의미에서 중국어라고 할 수 없다. 이 때문에 중국에서는 이러한 소수민족들이 쓰는 언어와 다수민족인 한족(汉族)이 쓰는 언어를 구별하기 위해 '중국어'라는 명칭을 쓰지 않고 '한어(汉语)'라는 명칭을 사용한다.

그러면 우리에게 친숙한 '한문(漢文)'이라는 명칭은 '한어'와 어떤 관계가 있을까? 중국에서는 '고대 한어'를 '고문(古文)' 혹은 '문언문(文言文)'이라고 한다. 전통 시기에 이 고대 한어는 여러 경전과 문학작품을 통해 한국이나 일본에 전래되었다. 그리고 한국과 일본 지식인들의 사상과 문학을 표현하는 수단으로 정착되었다. 이를 한국과 일본에서는 '고문' 혹은 '한문'이라고 부르고 있다. 따라서 '한문'은 '고대 한어'와 매우 유사한 문장 체계와 사상 내용을 가지고 있지만 한국이나 일본의 고유한 사상과 정서, 그리고 문학을 담고 있는 독특한 복합체라고 할 수 있다. 이 때문에 '한문'은 중국의 고대 언어와 문장을 표기하기 위해 '한자로 쓴 문장'이라고는 할 수 있어도 '중국어', 즉 '한어'와 동일한 것이라고는 할 수 없다.

현재 중국어 표준어의 공식명칭은 '보통화(普通話)'이다. 이 '보통화'는 '현대 북경어(北京語)의 발음(發音)을 표준음으로 하고, 북방 말을 기초 방언으로 하며, 모범이 되는 현대 백화문(白話文)의 작품을 문법의 규범으로 삼는 한민족(漢民族)의 공통어(共通語)'로 정의된다. '국어(国语)'라는 명칭 대신에 '보통화'라는 명칭을 사용하고 있는 것은 한족의 '한어'를 소수 민족들에게 강요한다는 오해를 없애기 위해서이다. 다만 대만에서는 지금도 '국어'라는 명칭을 사용하고 있다. 한편 '중문(中文)'이란 말도 자주 쓰이는데, 이는 중국의 언어와 문자, 주로 한족의 언어와 문자를 지칭한다. 따라서 엄격히 말하면 '중국어'라는 명칭은 정확한 것이 아니라고 할 수 있다. 하지만 우리나라에서는 이전부터 습관적으로 '중국어'라는 명칭을 써왔기 때문에 '중국어'라는 명칭이 일반적으로 통용되고 있다.

제 **2** 과

교양 중국어 첫걸음

你好吗?

잘 지내세요?

- 吗 ma　　(조) 문장 끝에 쓰여 의문을 나타낸다.

- 我 wǒ　　(대) 나. 저.

- 很 hěn　　(부) 매우. 몹시.

- 呢 ne　　(조) 문장 끝에 쓰여 의문이나 진행의 어감을 나타낸다.

- 也 yě　　(부) ~도. 역시.

- 她 tā　　(대) 그녀.

- 忙 máng　　(형) 바쁘다.

- 太 tài　　(부) 매우. 별로. 그다지.

1

A: 你好吗?
Nǐ hǎo ma?

B: 我很好,你呢?
Wǒ hěn hǎo, nǐ ne?

A: 我也很好。
Wǒ yě hěn hǎo.

2

A: 她忙吗?
Tā máng ma?

B: 她不太忙。
Tā bú tài máng.

구문설명

1 你好吗?

일반적으로 이미 알고 있는 사람에게 사용한다. 상대방은 주로 '我很好。(Wǒ hěn hǎo)'로 대답한다.

2 형용사 술어문

형용사 술어문의 긍정형은 형용사 앞에 '很'을 붙이고, 부정형은 형용사 앞에 '不'를 붙인다.

1) 긍정형

我很累。
Wǒ hěn lèi.
나는 피곤합니다.

她很忙。
Tā hěn máng.
그녀는 바쁩니다.

2) 부정형

我不累。
Wǒ bú lèi.
나는 안 피곤하다.

她不忙。
Tā bù máng.
그녀는 안 바쁘다.

3. 의문문

1) 시비의문문(是非疑問文)
평서문 끝에 '吗'를 붙이는 의문문

你忙吗?
Nǐ máng ma?
당신은 바쁩니까?

你爸爸忙吗?
Nǐ bàba máng ma?
당신 아버지는 바쁘십니까?

2) 정반의문문(正反疑問文)
긍정형과 부정형을 나란히 붙여 쓰는 의문문

你忙不忙?
Nǐ máng bu máng?
당신은 바쁩니까 안 바쁩니까?

你爸爸忙不忙?
Nǐ bàba máng bu máng?
당신 아버지는 바쁘십니까 안 바쁘십니까?

4. 인칭대명사

	1인칭	2인칭	3인칭	
단수	我	你	他	她
복수	我们	你们	他们	她们

⑤ 太

太는 '지나치게, 매우'라는 의미로 쓰이지만, 부정부사 '不'가 앞에 오면 '그다지, 별로'라는 의미로 쓰인다.

太热。
Tài rè.
너무 덥다.

人太多。
Rén tài duō.
사람이 너무 많다.

不太好。
Bú tài hǎo.
그다지 좋지 않다.

⑥ 呢

'呢'는 상대방이 물었던 것을 되묻는 의미를 나타낸다.

A : 你忙吗?
Nǐ máng ma?
당신은 바쁘십니까?

B : 我很忙, 你呢?
Wǒ hěn máng, nǐ ne?
저는 바쁩니다. 당신은요(당신은 바쁘십니까)?

연습문제

1. 다음 단어의 발음과 뜻을 쓰시오.

   (1) 我   발음：   뜻：

   (2) 很   발음：   뜻：

   (3) 也   발음：   뜻：

   (4) 忙   발음：   뜻：

   (5) 太   발음：   뜻：

2. 다음 대화를 완성하시오.

   (1) A: ?

   　　B: 我很好,   ?

   　　A: 我也很好。

   (2) A: 你忙吗?

   　　B: , 你呢?

   　　A: 。

3. 다음 문장을 해석하시오.

   (1) 你呢?

   (2) 我也很好。

   (3) 她不太忙。

4. 다음 문장을 중국어로 작문하시오.

   (1) 잘 지내십니까?

   (2) 저는 잘 지냅니다.

   (3) 그다지 바쁘지 않습니다.

쓰기 연습

我 wǒ
뜻:

很 hěn

也 yě

忙 máng

太 tài

제2과 你好吗?

방언(方言)

　중국 대륙의 13억 인구가 사용하고 있는 언어는 다양해서 표준어인 보통화(普通話) 외에 지역에 따라 각기 다른 방언(方言)을 가지고 있다. 한국어 방언과 달리 중국어 방언의 특징은 같은 말이 거의 없을 정도로 서로 다르기 때문에 같은 한자(汉字)를 사용함에도 불구하고 상호간에 의사소통이 불가능하다는 점이다. 현대 중국어에서 방언은 크게 북방방언(北方方言), 오방언(吳方言), 상방언(湘方言), 감방언(贛方言), 객가방언(客家方言), 민방언(閩方言), 월방언(粵方言) 등 7개로 구분한다.

　한족의 약 70% 이상이 사용하는 북방방언은 북경(北京)말을 대표로 하며, 한족의 기초방언으로 사용인구의 분포지역이 가장 넓다. 한족의 약 8.4%가 사용하는 오방언은 상해(上海)말이나 소주(蘇州)말이 대표적이다. 한족의 약 5%가 사용하는 상방언은 장사(长沙)말을 대표로 하며 호남화(湖南話)라고 부르기도 한다. 한족의 약 2.4%가 사용하는 감방언은 남창(南昌)말이 대표적이며, 강서화(江西話)라고도 부른다. 한족의 약 4%가 사용하는 객가방언은 광동성(廣東省) 매현(梅縣)말이 대표적이고, 한족의 약 4.2%가 사용하는 민방언은 복주(福州)말이 대표적이다. 전 세계에 흩어져있는 화교들은 민방언을 가장 많이 사용한다. 한족의 약 5%가 사용하는 월방언은 광주(廣州)말이 대표적이며 광동화(廣东話)라고 부르기도 한다.

　방언은 형태나 의미에 있어서는 큰 차이가 없지만 음성에 있어서는 뚜렷한 차이를 보이고 있으며, 기본 어휘나 문법 구조는 대체로 같다고 할 수 있다.

중화민국(中華民國)이 성립되면서 방언 문제를 해결하기 위해 전국적인 국어통일운동(国语统一运动)이 추진되었고, 1919년에 북경 말이 마침내 표준어로 채택된다. 오늘날 중국은 정치, 경제, 사회, 문화, 교육 등의 급속한 발전에 따라 방언의 영향력이 점차 축소되어 가고 있으며 표준어가 이미 중국 일상 깊은 곳에 자리 잡게 되었다.

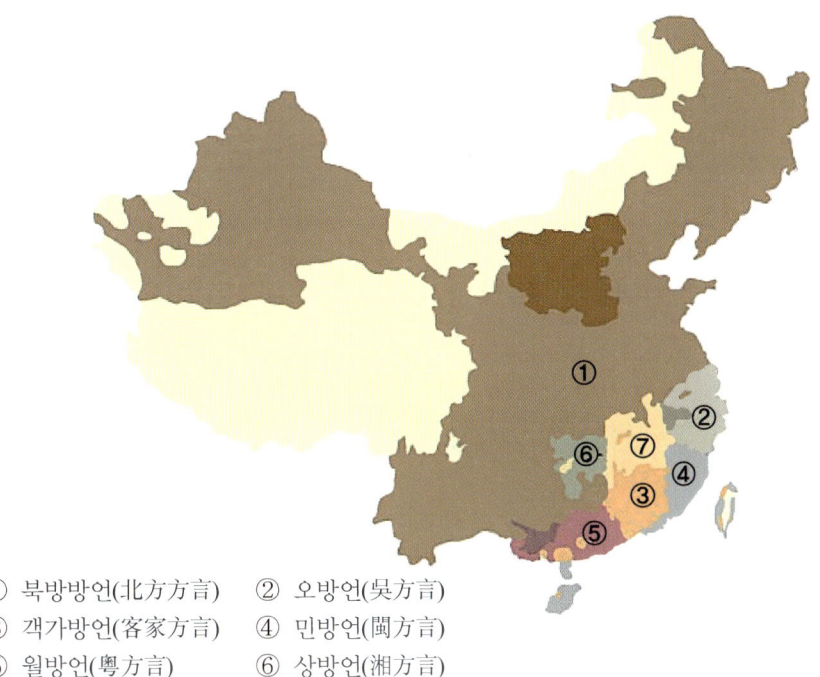

① 북방방언(北方方言)　② 오방언(吳方言)
③ 객가방언(客家方言)　④ 민방언(閩方言)
⑤ 월방언(粵方言)　　　⑥ 상방언(湘方言)
⑦ 감방언(贛方言)

제2과　你好吗?

교양 중국어 첫걸음

你叫什么名字?

당신 이름은 무엇입니까?

- 姓 xìng　　(동) (성이) ~이다.
- 叫 jiào　　(동) (이름을) ~라고 부르다.
- 什么 shénme　　(대) 무엇. 무슨.
- 名字 míngzi　　(명) 이름.
- 王小丽 Wángxiǎolì　　(고유) 왕샤오리.

A : 你姓什么?
Nǐ xìng shénme?

B : 我姓王。
Wǒ xìng Wáng.

A : 你叫什么名字?
Nǐ jiào shénme míngzi?

B : 我叫王小丽。
Wǒ jiào Wángxiǎolì.

구문 설명

1 상대방의 이름을 물을 때 쓰는 표현

你姓什么?는 상대방이나 제3자의 성(姓)을 격식 없이 물어볼 때 쓰는 표현이고, 你叫什么名字?는 윗사람이 아랫사람에게 또는 동년배끼리 상대방의 이름을 물어볼 때 쓰는 표현이다. 이밖에 상대방의 성씨를 공손하게 물어보는 표현으로 '您贵姓?(Nín guì xìng)'을 쓰기도 한다.

2 각종 의문대명사

	사물	이유	시간
의문 대명사	什么 shénme 무엇	为什么 wèishénme 왜	什么时候 shénme shíhou 언제

	방법	장소	사람
의문 대명사	怎么 zěnme 어떻게	哪儿 nǎr 어디	谁 shéi 누구

1. 다음 단어의 발음과 뜻을 쓰시오.

   (1) 叫 발음: 뜻:

   (2) 什么 발음: 뜻:

   (3) 名字 발음: 뜻:

   (4) 姓 발음: 뜻:

2. 다음 대화를 완성하시오.

   (1) A: ?

   B: 我姓王。

   (2) A: 你叫   ?

   B: 我叫王小丽。

3. 다음 문장을 중국어로 작문하시오.

   (1) 당신 성은 무엇입니까?

   (2) 저는 왕 씨입니다.

   (3) 당신의 이름은 무엇입니까?

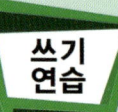

姓 xìng
뜻

叫 jiào

什么 shénme

名字 míngzi

문화 산책

중국의 행정구역

중국의 행정구역은 전국을 성(省)·현(縣)·진(鎭)의 세 등급으로 나눈다. 그 중에서 1급 행정구역인 성급(省級)은 성(省)·자치구(自治區)·직할시(直轄市)·특별행정구로 구분하는데, 현재 22개의 성과 5개의 자치구, 4개의 직할시 및 2개의 특별행정구가 있다. 중국 정부에서는 대만(臺灣)을 성급 행정구역으로 포함시키기도 한다.

(1) 성(省)

헤이룽쟝성(黑龍江省), 지린성(吉林省), 랴오닝성(遼寧省), 허난성(河南省), 허베이성(河北省), 산시성(山西省), 샨시성(陝西省), 간쑤성(甘肅省), 칭하이성(靑海省), 산둥성(山東省), 안후이(安徽省), 쟝쑤성(江蘇省), 저쟝성(浙江省), 쟝시성(江西省), 푸지엔성(福建省), 후난성(湖南省), 후베이성(湖北省), 광둥성(廣東省), 쓰촨성(四川省), 꾸이저우성(貴州省), 윈난성(雲南省), 하이난성(海南省) [* 타이완(臺灣)]

(2) 자치구(自治區)

티베트자치구(西藏自治區), 신쟝위구르족자치구(新疆維吾尔族自治區), 네이멍구자치구(內蒙古自治區), 닝샤회족자치구(寧夏回族自治區), 광시장족자치구(廣西壯族自治區)

(3) 직할시(直轄市)

베이징시(北京市), 상하이시(上海市), 톈진시(天津市), 충칭시(重慶市)

(4) 특별행정구

홍콩(香港), 마카오(澳门)

제 **4** 과

교양 중국어 첫걸음

你是哪国人?

당신은 어느 나라 사람입니까?

☐	是 shì	(동)	~이다.
☐	哪 nǎ	(대)	어느. 어떤.
☐	国 guó	(명)	나라. 국가.
☐	人 rén	(명)	사람.
☐	韩国 Hánguó	(고유)	한국.
☐	英国 Yīngguó	(고유)	영국.
☐	留学生 liúxuéshēng	(명)	유학생.
☐	对 duì	(형)	맞다. 옳다.

A : 你好!
Nǐ hǎo!

B : 你好!
Nǐ hǎo!

A : 你是哪国人?
Nǐ shì nǎguórén?

B : 我是韩国人。你呢?
Wǒ shì Hánguórén. Nǐ ne?

A : 我是英国人!你是留学生吗?
Wǒ shì Yīngguórén! Nǐ shì liúxuéshēng ma?

B : 对,我是韩国留学生。
Duì, wǒ shì Hánguó liúxuéshēng.

1 '是'자문

동사 '是'가 다른 단어나 구(句)와 결합하여 술어를 이루는 문장을 '是'자문이라 한다. '是'자문의 부정형은 동사 '是' 앞에 '不'를 붙인다.

	부정형	시비의문문	정반의문문
我是学生。 나는 학생이다.	我不是学生。 나는 학생이 아니다.	你是学生吗? 당신은 학생입니까?	你是不是学生? 당신은 학생입니까 아닙니까?
我是老师。 나는 선생님이다.	我不是老师。 나는 선생님이 아니다.	你是老师吗? 당신은 선생님입니까?	你是不是老师? 당신은 선생님입니까 아닙니까?
我是中国人。 나는 중국인이다.	我不是中国人。 나는 중국인이 아니다.	你是中国人吗? 당신은 중국인입니까?	你是不是中国人? 당신은 중국인입니까 아닙니까?

1. 다음 단어의 발음과 뜻을 쓰시오.

    (1) 是　　　　발음 :　　　　　　뜻 :

    (2) 人　　　　발음 :　　　　　　뜻 :

    (3) 国　　　　발음 :　　　　　　뜻 :

    (4) 留学生　　발음 :　　　　　　뜻 :

2. 다음 주어진 단어를 사용하여 문장을 완성하시오.

    (1) 是 / 人 / 你 / 国 / 哪　(당신은 어느 나라 사람입니까?)

    (2) 吗 / 他 / 留学生 / 是　(그는 유학생입니까?)

3. 다음 문장을 부정형과 의문문으로 바꾸시오.

    (1) 我是韩国人。

        부정형 :

        의문문 :

제4과　你是哪国人?

(2) 他是留学生。

부정형 :

의문문 :

4. 다음 문장을 중국어로 작문하시오.

(1) 그녀는 어느 나라 사람입니까?

(2) 나는 유학생이 아니다.

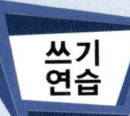

哪 nǎ
뜻

韩国 Hánguó

英国 Yīngguó

对 duì

제4과 你是哪国人?

중국의 주요 도시

베이징시(北京市)

중화인민공화국의 수도로 중국의 정치·문화교육 및 과학기술의 중심지이다. 1949년 10월 1일 마오쩌둥(毛泽东)은 천안문(天安门) 성루에서 중화인민공화국 수립을 선포하였다. 전국시대(戰国時代)에는 연(燕)의 수도였으며, 후에 요(遼)·금(金)·원(元) 등도 이곳을 수도로 삼았다. 자금성(紫禁城)이라고도 부르는 고궁박물원(故宮博物院)은 명·청 두 왕조의 황궁으로 1987년 세계문화유산으로 등록되었다.

상하이시(上海市)

장강(長江) 하구에 위치한 중국 최대의 경제 중심지이자 국제적인 항구도시이다. 황포강(黃浦江)이 도시를 관통하므로 이 강을 중심으로 동·서 지역을 포동(浦東)·포서(浦西)라 부른다. 포서의 와이탄(外灘)은 1900년대 초기의 유럽풍 건축과 아름다운 야경으로 유명하며, 포동은 1990년대 이후 금융과 무역의 중심지로 비약적인 발전을 거듭하고 있다.

홍콩(香港)

특별행정구로 주강(珠江) 삼각주의 동쪽에 위치하며, 홍콩섬과 주룽(九龍)·신제(新界)의 세 구역으로 나뉜다. 세계의 주요 항공·금융 및 국제 무역의 중심지 중 하나로 세계 상품의 진열장으로도 불린다. 청(淸)은 1842년 아편전쟁 패배로 홍콩섬을 영국에 할양했으며, 1997년 7월 1일 중국 정부는 홍콩에 대한 주권을 회복하였다.

▍마카오(澳门)

특별행정구로 주강(珠江) 삼각주의 서쪽에 위치하며, 대외무역과 금융업 및 카지노업으로 유명한 국제적 향락도시이다. 아편전쟁 이후, 1887년 포르투갈의 식민지가 되었다가 1999년 12월 20일 중국 정부는 마카오에 대한 주권을 회복하였다.

▍타이완(臺灣)

쑨원(孫文)의 신해혁명으로 1912년 세워진 중화민국은 아시아 최초의 공화국이었으나, 국민당 정부는 공산당과의 국공 내전으로 수도를 난징(南京)에서 타이완으로 이전하였다. 1949년 이래 이념을 달리한 두 정부로 분단된 두 중국 간의 관계를 흔히 양안(两岸)이라고 부른다.

제 **5** 과

교양 중국어 첫걸음

你家有几口人?

당신은 가족이 몇 명입니까?

☐	家 jiā	(명) 집.
☐	有 yǒu	(동) ~이 있다.
☐	几 jǐ	(대) 몇. [주로 10 이하의 수나 확실하지 않은 수를 물을 때 쓰임]
☐	口 kǒu	(양) 명. [가족의 수를 세는 단위]
☐	四 sì	(수) 4. 넷.
☐	两 liǎng	(수) 둘.
☐	个 ge	(양) 개.
☐	姐姐 jiějie	(명) 누나. 언니.
☐	这儿 zhèr	(대) 이곳. 여기.
☐	博物馆 bówùguǎn	(명) 박물관.
☐	桌子 zhuōzi	(명) 탁자. 책상.
☐	上 shang	(명) ~위에. ~에.
☐	书包 shūbāo	(명) 책가방.

1 A : 你家有几口人?
Nǐ jiā yǒu jǐ kǒu rén.

B : 我家有四口人。
Wǒ jiā yǒu sì kǒu rén.

2 A : 你有几个姐姐?
Nǐ yǒu jǐ ge jiějie?

B : 我有两个姐姐。
Wǒ yǒu liǎng ge jiějie.

3 A : 那儿有什么?
Nàr yǒu shénme?

B : 那儿有博物馆。
Nàr yǒu bówùguǎn.

4 A : 桌子上有什么?
Zhuōzishang yǒu shénme?

B : 桌子上有一个书包。
Zhuōzishang yǒu yí ge shūbāo.

구문설명

1. '有'자문

'~을 가지고 있다'는 소유와 '(~에) ~이 있다'는 존재를 나타내는 동사 '有'가 술어로 쓰이는 문형을 '有'자문이라고 한다. '有'자문의 부정형은 동사 '有' 앞에 '没'를 붙인다. 존재를 나타내는 '有'자문은 장소를 나타내는 대명사나 명사가 '有' 앞에 놓이고, '有' 뒤에 존재하는 사물이 놓인다.

	긍정형	부정형	시비의문문	정반의문문
소유	他有弟弟。 Tā yǒu dìdi. 그는 남동생이 있다.	他没有弟弟。 Tā méiyǒu dìdi. 그는 남동생이 없다.	他有弟弟吗? Tā yǒu dìdi ma? 그는 남동생이 있습니까?	他有没有弟弟? Tā yǒu méiyǒu dìdi? 그는 남동생이 있습니까 없습니까?
존재	那儿有银行。 Nàr yǒu yínháng. 그곳에는 은행이 있다.	那儿没有银行。 Nàr méiyǒu yínháng. 그곳에 은행이 없다.	那儿有银行吗? Nàr yǒu yínháng ma? 그곳에 은행이 있습니까?	那儿有没有银行? Nàr yǒu méiyǒu yínháng? 그곳에 은행이 있습니까 없습니까?

2 중국어 숫자 읽는 법

808	八百零八	880	八百八(十)
8,008	八千零八	8,800	八千八(百)
8,880	八千八百八(十)	80,008	八万零八
80,080	八万零八十	80,800	八万零八百
88,000	八万八(千)	80,808	八万零八百零八

0 零 líng	1 一* yī	2 二 èr	3 三 sān	4 四 sì
5 五 wǔ	6 六 liù	7 七 qī	8 八 bā	9 九 jiǔ
10 十 shí	11 十一 shíyī	17 十七 shíqī	18 十八 shíbā	19 十九 shíjiǔ
20 二十 èrshí	40 四十 sìshí	50 五十 wǔshí	80 八十 bāshí	90 九十 jiǔshí

100 一百 yībǎi	200 二百 èrbǎi	220 二百二十二 èrbǎièrshíèr	900 九百 jiǔbǎi
1,000 一千 yīqiān	2,000 两(二)千 liǎng(èr)qiān	4,000 四千 sìqiān	7,000 七千 qīqiān
10,000 一万 yíwàn	20,000 两(二)万 liǎng(èr)wàn	70,000 七万 qīwàn	80,000 八万 bāwàn

100,000,000 一亿 yíyì	220,000,000 两亿二千万 liǎngyìèrqiānwàn	20,000,000 两(二)千万 liǎng(èr)qiānwàn

* '一'은 구어에서 'yāo'라고도 한다.

제5과 你家有几口人?

3. 장소를 나타내는 대명사

지시대명사 '这'와 '那' 그리고 의문대명사 '哪' 뒤에 '儿'을 붙이거나 방위사 '里'를 붙여서 장소를 나타낸다.

의미	장소를 나타내는 대명사
여기(이곳)	这儿 zhèr
여기(이곳)	这里 zhèli
저기(저곳), 거기(그곳)	那儿 nàr
저기(저곳), 거기(그곳)	那里 nàli
어디(어느 곳)	哪儿 nǎr
어디(어느 곳)	哪里 nǎli

那儿

연습문제

1. 다음 단어의 발음과 뜻을 쓰시오.

　　(1) 家　　　　발음 :　　　　　　　뜻 :

　　(2) 口　　　　발음 :　　　　　　　뜻 :

　　(3) 姐姐　　　발음 :　　　　　　　뜻 :

　　(4) 桌子　　　발음 :　　　　　　　뜻 :

2. 다음 문장을 부정형과 의문문으로 바꾸시오.

　　(1) 我有姐姐。

　　　　부정형

　　　　의문문

　　(2) 这儿有博物馆。

　　　　부정형

　　　　의문문

제5과　你家有几口人?　73

3. 다음 문장을 해석하시오.

　　(1) 我家有四口人。

　　(2) 那儿有什么?

　　(3) 桌子上有一个书包。

4. 다음 문장을 중국어로 작문하시오.

　　(1) 나는 언니가 한 명 있다.

　　(2) 그는 책가방을 가지고 있다.

　　(3) 이곳에는 박물관이 없다.

这儿
zhèr
뜻

博物馆
bówùguǎn

桌子
zhuōzi

书包
shūbāo

문화 산책

소수민족

중국은 통일된 다민족국가로 공식적으로 56개 민족으로 이루어져 있다. 그 중에서 한족(汉族)은 중국 인구의 약 90% 이상을 점유하고 있으며, 나머지 55개 민족이 약 10%를 차지하고 있다. 55개 민족은 한족에 비해 인구수가 적다는 의미에서 흔히 소수민족이라고 부른다. 소수민족 가운데 장족(壯族)의 인구수가 가장 많으며 낙파족(珞巴族)이 가장 적다.

중국의 소수민족은 다음과 같은 특징이 있다.

첫째, 대부분의 소수민족은 한곳에 모여 살지 않고 흩어져 살고 있다. 이들은 주로 중국의 변방에 살고 있는데 산악지역이나 고원지대, 초원 삼림지대로 지하자원이 풍부하고 목축업이 발달했을 뿐만 아니라 군사적 요충지이기도 하여 중국 정부로서는 절대 포기할 수 없는 지역이기도 하다.

둘째, 소수민족은 인구수는 적지만 중국내의 넓은 지역을 차지하고 있다. 대부분의 지역은 인구밀도가 낮고 교통조건도 열악하며 교육, 경제, 문화적 수준이 비교적 뒤떨어져 있다. 한족의 대량이주와 민족동화정책으로 인하여 많은 숫자의 소수민족이 한족과 어울려 살며 동화되고 있지만, 아직도 몇몇 소수민족은 자신들의 소중한 문화와 정통성이 사라지는 것에 불만을 가지고 민족동화정책에 반발하고 있다.

셋째, 소수민족은 대개 그들만의 종교를 가지고 있다. 일부 민족은 이슬람교, 불교, 라마교를 믿지만 이 외에도 조상숭배, 토템숭배, 샤머니즘을 포함한 자연숭배의 여러 민간신앙이 존재하고 있다. 또한 의복, 명절, 오락, 주택, 관혼상제 등 풍속 면에서도 그들만의 전통적인 특징을 보존하고 있으며, 대량의 신화, 시가, 역사전설을 창조하여 그들만의 우수한 문화예술을 갖추고 있다.

현재 중국은 헌법상으로는 소수민족의 권리를 완전히 보장하고 있다고 하지만 눈에 보이지 않는 간섭과 규제는 여전히 작용하고 있다. 특히 티베트(西藏)의 장족(藏族)과 신장(新疆)의 위구르족(維吾尔族) 등은 중국정부의 억압에서 분리 독립시켜달라고 강하게 요구하고 있어 큰 갈등을 일으키고 있다.

제 6 과

교양 중국어 첫걸음

今天几月几号?

오늘은 몇 월 며칠입니까?

새로운 단어

- 今天 jīntiān (명) 오늘.
- 月 yuè (명) 달. 월.
- 号 hào (명) 일. [날짜를 가리킴]
- 星期 xīngqī (명) 요일.
- 点 diǎn (양) 시(時).
- 分 fēn (양) (시간의) 분.
- 条 tiáo (양) 가늘고 긴 것이나 가늘고 긴 느낌이 있는 유형(有形)·무형(無形)의 것을 세는 단위.
- 裤子 kùzi (명) 바지.
- 多少 duōshǎo (대) 얼마.
- 钱 qián (명) 돈. 화폐.
- 今年 jīnnián (명) 올해. 금년.
- 多大 duōdà 몇 살입니까? [나이를 묻는 관용적인 표현]
- 岁 suì (양) 살. 세. [나이를 세는 단위]
- 同岁 tóngsuì (형) 동갑이다. 같은 나이이다.

1 A: 今天几月几号?
Jīntiān jǐ yuè jǐ hào?

B: 今天五月十五号。
Jīntiān wǔ yuè shíwǔ hào.

2 A: 今天星期几?
Jīntiān xīngqī jǐ?

B: 今天星期三。
Jīntiān xīngqī sān.

3 A: 现在几点?
Xiànzài jǐ diǎn?

B: 现在十点十五分。
Xiànzài shí diǎn shíwǔ fēn.

4 A: 这条裤子多少钱?
Zhè tiáo kùzi duōshǎo qián?

B: 这条裤子一百五十块钱。
Zhè tiáo kùzi yībǎi wǔshí kuài qián.

5 A: 你今年多大?
Nǐ jīnnián duōdà?

B: 我今年十九岁! 你多大?
Wǒ jīnnián shíjiǔ suì! Nǐ duōdà?

A: 我也十九。
Wǒ yě shíjiǔ.

B: 我们同岁。
Wǒmen tóngsuì.

제6과 今天几月几号? **81**

1 명사술어문

명사술어문은 주로 시간이나 나이, 가격, 수량, 날짜, 요일, 출신지 등을 표현할 때 쓰는 문형으로, 명사나 명사구 또는 수량사 등이 술어가 되기 때문에 명사술어문이라고 한다. 기본 구조는 '주어+(명사성)술어'이며, 그 의미는 '~는 ~이다'가 된다. 명사술어문은 대개 판단동사 '是'를 사용하여 '是'자문으로 전환시킬 수 있다. 물론 이 경우 기본적인 의미는 변하지 않지만, 문형은 동사술어문으로 바뀐다.

	명사술어문	동사술어문
오늘은 일요일이다.	今天星期天(日)。 Jīntiān xīngqītiān(rì).	今天是星期天(日)。 Jīntiān shì xīngqītiān(rì).
일 년은 열두 달이다.	一年十二个月。 Yīnián shí'èr ge yuè.	一年是十二个月。 Yīnián shì shí'èr ge yuè.

2 연도와 시간 읽기

1) 연도는 숫자를 차례로 읽고, 월은 一月, 二月……十二月로 표현하며, 날짜는 '~号'로 나타낸다. (날짜의 경우, 서면어에서는 주로 '~日'로 표현한다.)

2015년 4월 19일
→ 二零一五年四月十九号
   èr líng yī wǔ nián sì yuè shíjiǔ hào

2) 시간 읽는 방법

1:00 → 一点(钟 zhōng)
1:05 → 一点(零)五分

1:15 → 一点十五(分) / 一点一刻
1:30 → 一点三十(分) / 一点半
1:45 → 一点四十五(分) / 一点三刻
　　　　差十五分两点 / 差一刻两点
1:55 → 一点五十五(分) / 差五分两点

3 의문대명사 '几'와 '多少'

의문대명사 '几'와 '多少'는 사람이나 사물의 수량을 물어볼 때 사용한다.

① 几张? (몇 장?)
　 Jǐ zhāng?

② 多少学生? (학생 몇 명?)
　 Duōshǎo xuésheng?

1) '几'

10 이하의 수를 물을 때 사용하며, 뒤에 양사(量詞)를 써야 한다. 또한 수의 범위에 관계없이(10 이상의 수도) 시간과 날짜, 요일에 관련된 수를 물을 때 사용한다. 양을 물어 볼 때는 사용할 수 없다.

2) '多少'

10 이상의 수를 물을 때 사용하며, 뒤에 양사를 써도 되고 생략해도 된다. 주로 예측이 불가능한 수나 불특정한 수를 물을 때 사용한다. 수나 양을 물어 볼 때 모두 사용할 수 있다.

구문 설명

4 나이를 묻는 표현

중국어로 나이를 물을 때는 연령에 따라 묻는 방법이 다르다. 대답할 때는 숫자 뒤에 '岁'를 붙이거나 숫자만 말할 수도 있다.

你几岁?　　　(10세 이하의 어린이의 나이를 물을 때)
Nǐ jǐ suì?

你多大?　　　(성인의 나이를 물을 때)
Nǐ duōdà?

您多大年纪?　(연장자의 나이를 물을 때)
Nín duōdà niánjì?

연습문제

1. 다음 단어의 발음과 뜻을 쓰시오.

   (1) 今天   발음 :   뜻 :

   (2) 星期   발음 :   뜻 :

   (3) 裤子   발음 :   뜻 :

   (4) 多少   발음 :   뜻 :

2. 다음 밑줄 친 부분을 주어진 날짜, 시간, 가격으로 치환하시오.

   (1) A : 今天几月几号?

       B : 今天<u>四月十八号</u>。

          5월 7일

          12월 23일

   (2) A : 现在几点?

       B : 现在<u>十二点</u>。

          2시 15분

          10시 30분

   (3) A : 这条裤子多少钱?

       B : 这条裤子<u>两块五(毛)</u>。

          132원

          90원

제6과 今天几月几号?

3. 다음 문장을 해석하시오.

(1) 现在十点十五分。

(2) 你今年多大?

(3) 我们同岁。

4. 다음 문장을 중국어로 작문하시오.

(1) 그는 올해 20세이다.

(2) 나는 한국인이고, 그는 중국인이다.

(3) 이 바지는 243원이다.

쓰기 연습

钱 qián
뜻

今年 jīnnián

多大 duōdà

岁 suì

同岁 tóngsuì

중국의 화폐

중국의 화폐는 '인민폐(人民幣; rénmínbì)'라고 부른다. 현재 중국에서 유통되는 인민폐의 단위는 위안(元)이고, 인민폐의 한어병음 매 음절 첫 자음을 따서 영어로 'RMB'라고 하며, 부호로는 '¥'로 표기한다. 위안(元) 보다 작은 화폐 단위로 쟈오(角), 펀(分)을 사용하는데 그 가치는 '위안=10쟈오=100펀'이다. '쟈오'는 다른 말로 '마오(毛)'라고도 한다.

펀은 1펀과 5펀 짜리 동전이 있고, 한국돈 1원 정도에 해당되는 개념으로 일반적으로는 거의 사용하지 않으며 대형 마트에서만 가끔 사용된다.

쟈오는 한국돈 10원 정도에 해당되는 개념으로 이 단위부터는 실생활에 많이 사용된다. 동전과 지폐가 있으며, 각각 1쟈오, 2쟈오, 5쟈오가 있다.

위안은 실생활에서 가장 많이 사용되는 단위로, 1위안, 2위안(현재 사용하는 제5차 신권 지폐에는 없음), 5위안, 10위안, 20위안, 50위안, 100위안이 있다.

제6과 今天几月几号？

제 7 과

교양 중국어 첫걸음

今天天气怎么样?

오늘 날씨 어떻습니까?

새로운 단어

- 天气 tiānqì   (명) 날씨.
- 怎么样 zěnmeyàng (대) 어떠하다. 어떻다.
- 预报 yùbào   (명) 예보.
- 说 shuō   (동) 말하다.
- 下雨 xiàyǔ   (동) 비가 내리다.
- 喜欢 xǐhuan   (동) 좋아하다.
- 明天 míngtiān   (명) 내일.
- 冷 lěng   (형) 춥다.
- 热 rè   (형) 덥다.
- 春天 chūntiān   (명) 봄.
- 真 zhēn   (부) 정말. 진실로.
- 不错 búcuò   (형) 괜찮다. 좋다.
- 北京 Běijīng   (고유) 베이징.
- 夏天 xiàtiān   (명) 여름.
- 非常 fēicháng   (부) 매우.

A: 今天天气怎么样?
Jīntiān tiānqì zěnmeyàng?

B: 天气预报说今天下雨。
Tiānqì yùbào shuō jīntiān xiàyǔ.

A: 我喜欢下雨天。明天天气怎么样?
Wǒ xǐhuan xiàyǔtiān. Míngtiān tiānqì zěnmeyàng?

B: 很好! 不冷也不热,春天天气真不错。
Hěn hǎo! Bù lěng yě bú rè, chūntiān tiānqì zhēn búcuò.

A: 北京的夏天怎么样?
Běijīng de xiàtiān zěnmeyàng?

B: 非常热!
Fēicháng rè!

1. 주술술어문

주술술어문은 '코끼리는 코가 길다'처럼 '~는(은) ~가(이) ~하다'라는 표현을 할 때 사용하는 문형으로, 술어가 '코가 길다'처럼 주어와 술어로 이루어진 완전한 구조를 취하고 있다.

他身体很健康。
Tā shēntǐ hěn jiànkāng.
그는 몸이 매우 건강하다.

我们学校女学生很多。
Wǒmen xuéxiào nǚxuésheng hěn duō.
우리 학교는 여학생이 매우 많다.

2. 의문대명사 '怎么样'

'怎么样'은 날씨, 근황, 의견 등을 물을 때 사용하는 의문대명사로 '어떻습니까', '어때요'라는 의미를 나타낸다.

今天天气怎么样?
Jīntiān tiānqì zěnmeyàng?
오늘 날씨 어떻습니까?

你们老师怎么样?
Nǐmen lǎoshī zěnmeyàng?
너희 선생님 어때?

中国男人怎么样?
Zhōngguó nánrén zěnmeyàng?
중국남자 어때요?

1. 다음 단어의 발음과 뜻을 쓰시오.

    (1) 下雨　　발음 :　　　　　뜻 :

    (2) 喜欢　　발음 :　　　　　뜻 :

    (3) 明天　　발음 :　　　　　뜻 :

    (4) 冷　　　발음 :　　　　　뜻 :

    (5) 热　　　발음 :　　　　　뜻 :

2. 다음 주어진 단어를 사용하여 문장을 완성하시오.

    (1) 真 / 天气 / 错 / 不 / 春天 (봄에는 날씨가 좋다.)

    (2) 北京 / 怎么样 / 夏天 (북경의 여름은 어때요?)

    (3) 今天 / 说 / 雨 / 预报 / 下 / 天气

    (오늘 일기예보에서 비가 내린다고 했다.)

3. 다음 문장을 부정형과 의문문으로 바꾸시오.

　　(1) 明天下雨。

　　　　부정형 _____

　　　　의문문 _____

　　(2) 北京的夏天很热。

　　　　부정형 _____

　　　　의문문 _____

4. 다음 문장을 중국어로 작문하시오.

　　(1) 오늘 날씨 어때요?

　　　　_____

　　(2) 나는 비 오는 날을 좋아합니다.

　　　　_____

　　(3) 춥지도 덥지도 않습니다.

　　　　_____

쓰기 연습

天气 tiānqì
뜻

预报 yùbào

春天 chūntiān

不错 búcuò

北京 Běijīng

夏天 xiàtiān

非常 fēicháng

중국 역대 역사 연표

왕조명	연대	역사 사건
하(夏)	추정연대 B.C. 2070 ~ 1600	중국 최초의 국가
상(商)	추정연대 B.C. 1802 ~ 1111	은허 갑골문자
주(周)	B.C. 1111 ~ 771	봉건제도 완성
춘추전국 (春秋戰國)	춘추시대 B.C. 771 ~ 453	춘추오패
	전국시대 B.C. 453 ~ 221	전국칠웅
진(秦)	B.C. 221 ~ 207	중국 최초 통일 왕조
한(汉)	전한(前汉) B.C. 207 ~ A.D 8	유교 국교화 실크로드개척 사마천『사기』저술
	신(新) 8 ~ 24	
	후한(後汉) 25 ~ 220	
위진남북조 (魏晉南北朝)	221 ~ 589	위,촉,오 삼국정립 남북조시대

왕조명	연대	역사 사건
수(隋)	589 ~ 618	과거제도 시행
당(唐)	618 ~ 906	유교통치 강화
오대십국 (五代十国)	907 ~ 960	지방절도사 횡행
송(宋)	북송(北宋) 960 ~ 1127 남송(南宋) 1127 ~ 1279	조광윤 송(宋)건국 거란족의 요(遼, 907-1115) 여진족의 금(金, 1115-1234)과 대치
원(元)	1279 ~ 1368	칭기스칸 원(元)건국 동서문화 교류 활발
명(明)	1368 ~ 1644	주원장 명(明)건국 1368
청(淸)	1644 ~ 1911	누르하치 청(淸)건국 베이징(北京)으로 천도 아편전쟁 1839 태평천국 1860 양무운동 1861-1894 의화단운동 1900
중화민국 (中華民國)	1912 ~ 1949	중국 근대화의 격변기 신해혁명 1911 중화민국성립 1912 5.4운동 1919 국공합작 1924, 1937
중화인민공화국 (中華人民共和國)	1949~	중화인민공화국수립 1949 문화대혁명 1966 홍콩반환 1997 마카오반환 1999

复习

복습

1. 다음 단어의 발음과 뜻을 쓰시오.

   (1) 老师　　　발음 :　　　　　　　뜻 :

   (2) 谢谢　　　발음 :　　　　　　　뜻 :

   (3) 名字　　　발음 :　　　　　　　뜻 :

   (4) 韩国　　　발음 :　　　　　　　뜻 :

   (5) 留学生　　발음 :　　　　　　　뜻 :

   (6) 博物馆　　발음 :　　　　　　　뜻 :

   (7) 裤子　　　발음 :　　　　　　　뜻 :

   (8) 下雨　　　발음 :　　　　　　　뜻 :

   (9) 春天　　　발음 :　　　　　　　뜻 :

   (10) 非常　　 발음 :　　　　　　　뜻 :

2. 다음 발음을 보고 단어와 뜻을 쓰시오.

   (1) tóngxué　　단어 :　　　　　　　뜻 :

   (2) shénme　　단어 :　　　　　　　뜻 :

   (3) Yīngguó　　단어 :　　　　　　　뜻 :

复习

    (4) jiějie   단어: 뜻:

    (5) zhuōzi   단어: 뜻:

    (6) shūbāo   단어: 뜻:

    (7) xīngqī   단어: 뜻:

    (8) Běijīng   단어: 뜻:

    (9) yùbào   단어: 뜻:

    (10) xiàtiān   단어: 뜻:

3. 다음 문장을 해석하시오.

    (1) 你忙吗?

    (2) 你叫什么名字?

    (3) 我是韩国留学生。

复习

(4) 我们同岁。

(5) 你家有几口人?

(6) 今天星期天。

(7) 这条裤子多少钱?

(8) 你有书包吗?

(9) 我喜欢下雨天。

(10) 春天天气真不错。

4. 다음 문장을 중국어로 작문하시오.

(1) 죄송합니다.

复习

(2) 그녀는 그다지 바쁘지 않다.

(3) 당신은 어느 나라 사람입니까?

(4) 그곳에는 박물관이 있습니다.

(5) 탁자 위에는 무엇이 있습니까?

(6) 오늘은 무슨 요일입니까?

(7) 당신은 몇 살입니까?

(8) 지금 몇 시입니까?

(9) 내일은 날씨가 어떻습니까?

(10) 오늘은 춥지도 덥지도 않습니다.

复习

5. 다음 시각을 중국어로 옮기시오.

(1) 10시 15분

(2) 11시 50분

(3) 12시 30분

(4) 1시 45분

(5) 2시 55분

6. 다음 숫자를 중국어로 옮기시오.

(1) 125

(2) 207

复习

(3) 1,070

(4) 2,009

(5) 30,705

제8과 복习

문화 산책

중국 사대기서(四大奇书)

　중국 고전소설사(古典小说史)에 있어 명대는 통속적인 장편(长篇) 장회소설(章回小说)이 크게 성행하던 시대이다.『삼국연의(三国演義)』,『수호전(水滸傳)』,『서유기(西遊記)』,『금병매(金甁梅)』등을 명대의 '사대기서'라고 일컫는데, '기서'라는 말에서 '기(奇)'는 '이상하고 특이하다'라는 의미이며 '아름답다'라는 뜻도 지니고 있다. 결국 '기서'라는 말은 '기이하고 아름다운 걸작'이라고 할 수 있다.

　역사소설(歷史小说)로 대표되는『삼국연의』는 중국의 역사소설 가운데 가장 널리 읽혀지고 있는 작품으로 명대 이전부터 다양한 민간문학 양식으로 유행되었던 삼국시대의 영웅담이 소설적 형태로 재구성되고 확대되어 이루어진 작품이다.

　영웅소설(英雄小说)로 대표되는『수호전』은 양산박의 영웅호걸들의 활약을 통해 당시 사회의 부조리에 대한 응징과 억압적인 기존질서를 타파해 줄 영웅의 출현을 기다리는 시민계층의 심리상태가 잘 표현된 작품이다.

　신마소설(神魔小说)로 대표되는『서유기(西遊記)』는 기이하고 황당무계한 이야기이지만 시공간을 초월하는 환상과 낭만이 잘 묘사되어 있어 비현실적인 세계를 끝없는 상상력으로 펼쳐내었다. 등장인물들 대부분이 요괴들이지만 인간적인 형상이 부여되어 묘사되었기 때문에 오락성과 예술성이 동시에 잘 드러난 작품이다.

　세정소설(世情小说)로 대표되는『금병매(金甁梅)』는 서문경(西门慶)이라는 사람의 인생을 주요 제재로 하여 추한 인간의 본성을 적나라하게 드러내었고, 중국 사회의 병폐와 세기말적인 타락의 시대인 명말(明末)의 사회적 상황을 거침없이 표현한 사실주의 작품이다.

사대기서는 모두 원본의 작자가 불확실하기 때문에 지금도 학자들 간에 논쟁의 대상이 되고 있지만, 세계의 많은 독자들이 함께 감상하는 의미있는 작품이라는 것에는 이견이 없을 것이다.

교양 중국어 첫걸음

제 **9** 과

汉语不太难。

중국어는 그다지 어렵지 않다.

새로운 단어

- 美国 Měiguó (고유) 미국.
- 学习 xuéxí (동) 배우다. 공부하다.
- 汉语 hànyǔ (명) 중국어.
- 书法 shūfǎ (명) 서예.
- 难 nán (형) 어렵다.
- 汉字 hànzì (명) 한자.
- 发音 fāyīn (명) 발음.

A：你好!
　　Nǐ hǎo!

B：你好!
　　Nǐ hǎo!

A：你是哪国人?
　　Nǐ shì nǎguórén?

B：我是美国人。你呢?
　　Wǒ shì Měiguórén. Nǐ ne?

A：我是韩国人！你学习什么?
　　Wǒ shì Hánguórén! Nǐ xuéxí shéme?

B：我学习汉语。你呢?
　　Wǒ xuéxí hànyǔ. Nǐ ne?

A：我学习书法。汉语难不难?
　　Wǒ xuéxí shūfǎ. Hànyǔ nán bu nán?

B：汉字很难，发音不太难。
　　Hànzì hěn nán, fāyīn bú tài nán.

구문 설명

1 **동사술어문**

동사술어문은 주어의 동작을 표현하고자 할 때 사용하는 문형이다. 동사가 술어의 주요 성분이 되기 때문에 동사술어문이라고 하며, 동사술어는 주로 행위, 동작을 나타내는 역할을 한다.

1) 동사술어문의 기본 구조는 '주어+동사'이며, 의미는 '~는 ~한다'이다.

我看。
Wǒ kàn.
나는 본다.

她去。
Tā qù.
그녀는 간다.

2) 목적어가 있을 경우, 구조는 '주어+동사+목적어'이며, 의미는 '~는 ~를 ~한다'이다.

我看书。
Wǒ kàn shū.
나는 책을 본다.

他学习汉语。
Tā xuéxí hànyǔ.
그는 중국어를 배운다.

3) 술어인 동사를 부정하고자 할 경우, 동사술어 앞에 '不'를 쓴다. 즉, '주어+不+동사(+목적어)' 구조가 되며, 의미는 '~는 (~를) ~하지 않는다'이다.

구문
설명

他不来。
Tā bù lái.
그는 안 온다.

她不看报。
Tā bú kàn bào.
그녀는 신문을 안 본다.

연습문제

1. 다음 단어의 발음과 뜻을 쓰시오.

   (1) 美国   발음: 뜻:

   (2) 书法   발음: 뜻:

   (3) 学习   발음: 뜻:

   (4) 汉字   발음: 뜻:

   (5) 发音   발음: 뜻:

2. 다음 주어진 단어를 사용하여 문장을 완성하시오.

   (1) 汉语 / 学习 / 我 (나는 중국어를 배운다.)

   (2) 不 / 发音 / 难 / 太 (발음은 그다지 어렵지 않다.)

   (3) 难 / 汉字 / 很   (한자는 어렵다.)

3. 다음 문장을 부정형과 의문문으로 바꾸시오.

(1) 我学习汉语。

　　부정형

　　의문문

(2) 汉语很难。

　　부정형

　　의문문

4. 다음 문장을 중국어로 작문하시오.

(1) 당신은 무엇을 배웁니까?

(2) 중국어는 어렵나요 어렵지 않나요?

(3) 나는 서예를 배웁니다.

学习
xuéxí

뜻

汉语
hànyǔ

书法
shūfǎ

汉字
hànzì

发音
fāyīn

문화 산책

온갖 먹거리가 가득한 요리천국 중국

중국은 긴 역사만큼이나 다양한 요리를 개발하고 발전시켜 오늘날 세계적인 요리로 명성을 드높이고 있다. 중국요리는 재료의 선택이 광범위하고 자유로우며, 맛이 풍부하고 다양한 것이 특징이다. 조리기구가 간단한 것이 비해 그 조리법은 매우 다양하다. 음식을 볶을 때 기름을 많이 사용하기는 하지만 센 불로 최단시간에 조리하여 갖가지 재료들의 영양 파괴를 줄이고 있다. 음식의 수분과 기름기를 잘 조화시키기 위해 녹말을 많이 사용하며 조미료와 향신료의 종류도 풍부하다. 요리를 담을 때는 풍성하게 하며 그 외양도 중시하여 화려하게 꾸민다.

이러한 특징을 가진 중국요리는 지리환경, 기후조건, 문화와 전통, 민족풍습 등의 차이로 지역마다 독특한 요리문화를 형성하고 있다. 지역에 따른 중국 요리의 맛을 "남쪽은 달고, 북쪽은 짜며, 동쪽은 시고, 서쪽은 맵다(南甜北咸东酸西辣)"라고 표현한다.

중국은 국토가 넓어 지역별로 특산물이 다양하고 문화적 전통 또한 달라서 각 지역별로 특색 있는 음식이 많다.

(1) 베이징요리

베이징요리는 베이징을 중심으로 남쪽으로 산둥성(山东省)과 서쪽으로 타이위엔(太原)지역의 요리를 포함한다. 베이징은 오랜 기간 동안 여러 왕조의 수도로 정치, 경제, 문화의 중심지였고, 궁중요리를 비롯하여 사치스러운 고급요리가 발달하였다. 베이징 지역은 한랭한 북부지역으로 높은 칼로리가 요구되기 때문에 육류를 중심으로 강한 화력을 써서 단시간에 조리하는 튀김요리와 볶음요리가 특색이다.

(2) 광둥요리

광둥요리는 남방계 중국요리의 대표라 할 수 있다. 특히 광둥지역은 해외 각 국을 연결하는 중요한 통로로 외국의 문화를 가장 먼저 접하는 지역이다 보니 중국 내륙지역의 요리와 해외요리가 혼합된 요리체계를 가지고 있다. 광둥요리는 난차(南菜)라고도 하며, 광둥을 '食在廣州(광둥요리가 천하제일이라는 뜻)'라 칭하기도 하였다. 음식의 맛이 진하고 마늘과 파를 많이 넣으며 해산물, 국물요리가 뛰어난 것이 특징이다.

(3) 상하이요리

중국 대륙의 젖줄인 장강(長江) 하구에는 오랜 옛날부터 난징을 중심으로 풍부한 해산물과 미곡을 바탕으로 한 식생활이 발달하였다. 상하이 요리는 간장이나 설탕으로 달콤하게 맛을 내고, 기름기 많고 진한 것이 특징이다. 돼지고기에 진간장을 써서 만드는 요리가 유명하며, 장강과 바다에 인접해 있기 때문에 해산물이 풍부하다. 독특한 맛의 어패류 요리가 많으며, 한 마리의 생선으로 머리에서 꼬리까지 조리와 양념을 달리해서 맛을 내는 생선요리도 일품이다.

(4) 쓰촨요리

쓰촨지방은 바다와 멀리 떨어져 있고 더위와 추위가 심한 지방으로서, 예로부터 악천후나 일교차가 큰 기후적 영향을 이겨내기 위해 향신료를 많이 쓴 요리와 마늘, 파, 고추 등을 많이 사용하는 매운 요리들이 크게 발달했다. 또한 오지이기 때문에 소금에 절이거나 말리는 등 보존식품이 발달해서 채소를 이용한 옌차이(醃菜) 같은 특산물을 낳기도 했다.

(5) 쟝쑤요리

쟝쑤요리는 양쩌우(揚洲)요리, 쑤쩌우(蘇洲)요리, 난징(南京)요리 등 세 계파가 있는데, 지리적으로 동쪽으로는 바다와 면해 있고 내륙에도 호수가 많아 요리에 사용하는 재료는 수산물이 풍부하다. 담백한 맛을 주로 하며 요리의 색과 모양을 매우 중요시하여 중국요리 중에서도 고급요리로 평가되고 있다. 식품재료의 원래의 맛과 모양을 내기 위해 찌거나 약한 불에 오래 익히거나 모양 그대로 굽는 방법 등을 주로 사용한다. 풍부한 재료에도 불구하고 재료의 선택이 엄격하고 조리방법이 세심한 것이 특징이다.

제 **10** 과

교양 중국어 첫걸음

你爸爸做什么?

당신 아버지는 무엇을 하십니까?

새로운 단어

- 吃 chī　　(동) 먹다.
- 早饭 zǎofàn　　(명) 아침 밥.
- 以后 yǐhòu　　(명) 이후.
- 做 zuò　　(동) ~하다. 만들다.
- 听 tīng　　(동) 듣다.
- 音乐 yīnyuè　　(명) 음악.
- 工作 gōngzuò　　(명·동) 일(하다).
- 在 zài　　(개) …에서.
- 银行 yínháng　　(명) 은행.
- 念书 niànshū　　(동) 공부하다.
- 中学 zhōngxué　　(명) 중등(중·고등)학교.
- 教 jiāo　　(동) 가르치다.

1

A: 你吃早饭以后做什么?
Nǐ chī zǎofàn yǐhòu zuò shénme?

B: 我听音乐,你呢?
Wǒ tīng yīnyuè, nǐ ne?

A: 我学习汉语。
Wǒ xuéxí hànyǔ.

2

A: 你做什么工作?
Nǐ zuò shénme gōngzuò?

B: 我在银行工作,你呢?
Wǒ zài yínháng gōngzuò, nǐ ne?

A: 我是学生。我在北京大学念书。
Wǒ shì xuéshēng. Wǒ zài Běijīng dàxué niànshū.

3

A: 你爸爸做什么?
Nǐ bàba zuò shénme?

B: 他是中学老师。
Tā shì zhōngxué lǎoshī.

A: 他教什么?
Tā jiāo shénme?

B: 他教英语。
Tā jiāo yīngyǔ.

1. 개사 '在'

'在'는 '~에서'라는 의미로, 장소를 나타내는 어구와 함께 동사 앞에 쓰여 '在+장소+동사' 형식을 이룬다.

我在银行工作。
Wǒ zài yínháng gōngzuò.
나는 은행에서 일한다.

我在北京大学念书。
Wǒ zài Běijīng dàxué niànshū.
저는 베이징대학에서 공부합니다.

他在图书馆学习。
Tā zài túshūguǎn xuéxí.
그는 도서관에서 공부합니다.

연습문제

1. 다음 단어의 발음과 뜻을 쓰시오.

    (1) 早饭　　발음 :　　　　　　뜻 :

    (2) 以后　　발음 :　　　　　　뜻 :

    (3) 音乐　　발음 :　　　　　　뜻 :

    (4) 工作　　발음 :　　　　　　뜻 :

    (5) 银行　　발음 :　　　　　　뜻 :

2. 다음 밑줄 친 부분을 주어진 단어로 치환하시오.

    (1) 我在<u>银行</u>工作。

    　　학교

    　　도서관

    (2) 我是<u>学生</u>。

    　　선생님

    　　유학생

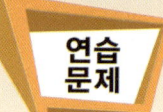

3. 다음 문장을 해석하시오.

   (1) 你吃早饭以后做什么?

   (2) 我在北京大学念书。

   (3) 我在银行工作。

4. 다음 문장을 중국어로 작문하시오.

   (1) 당신은 무슨 일을 합니까?

   (2) 나는 음악을 듣는다.

   (3) 저희 아버지는 영어를 가르치십니다.

쓰기 연습

早饭 zǎofàn
뜻:

以后 yǐhòu

音乐 yīnyuè

工作 gōngzuò

银行 yínháng

中学 zhōngxué

중국의 전통명절

중국에도 우리나라의 설, 추석과 같은 전통명절이 있다. 중국의 대표적인 전통명절은 다음과 같다.

(1) 원단(元旦; 신정 / 양력 1월 1일)

중국의 원단은 약 3천여 년의 역사를 가지고 있다. 원단의 '원'자는 '최초', '시작'이라는 뜻이고 '단'자는 '날'이라는 뜻으로 이 두 글자를 합치면 '시작의 날' 즉 1년의 첫날이라는 뜻으로 쓰인다.

(2) 춘절(春節; 구정 / 음력 1월 1일)

중국 민간의 풍속에 따르면 넓은 의미의 설 명절은 음력 12월 23일부터 시작해서 새해 정월 15일 원소절까지 약 3주간이다. 이 기간 중 섣달 그믐날 밤과 정월 초하루는 가장 성대하여 설명절의 고조라고 할 수 있다.

섣달 그믐날 밤 온 가족이 한자리에 모여 식사하는 것은 북방이나 남방이나 마찬가지다. 남방에서는 이 한 끼 식사에 보통 십여 가지 요리를 내는데, 그 중 두부와 생선은 반드시 있어야 한다. 이는 두부의 부(腐)와 물고기의 어(鱼)자가 '부유(富裕)'와 발음이 비슷하기 때문이다. 북방에서 그믐날 저녁에 모여 먹는 음식은 대부분 물만두로 온 집안이 함께 만들어 먹는다.

(3) 원소절(原宵節; 정월대보름 / 음력 1월 15일)

원소절은 원석(元夕), 원야(元夜), 원절(元節)이라고도 한다. 원소절에 원소(元宵)를 먹는 전통적인 풍습은 대략 송나라 때부터 민간에서 유행하기 시작했다. 원소는 여러 가지 간식용 과자로 속을 하고 겉은 찹쌀가루를 발라 둥글게 만들어 익혀 먹는 것인데 맛이 향기롭고 달콤하다. 북방 사람들은 이것을 원소(元宵)라고 하고, 남방 사람들은 탕원(湯圓) 또는 탕단(湯團)이라 한다.

(4) 단오절(端午節; 단오 / 음력 5월 5일)

단오는 초나라 시인 굴원(屈原)을 기념하는 날로, 춘절·중추절과 함께 중국의 3대 명절로 불리고 있다. 굴원은 자신의 정치적 이상을 실현하지 못하고 초나라의 멸망을 막지 못해 멱라강(汨羅江)에 투신하였다. 사람들은 배를 타고 그의 시신을 찾으면서 물고기가 그의 시신을 먹지 못하게 대나무 통에 쌀을 넣어 강에 던지는 것으로 제사를 지냈다. 대나무 통에 쌀을 넣은 것이 지금의 쫑쯔(粽子)로 변했다. 여기에서 유래하여 단오절에는 쫑쯔를 먹으며, 용머리를 장식한 배를 타고 경기하는 행사가 치러지고 있다.

(5) 중추절(中秋節; 추석 / 음력 8월 15일)

음력 8월 15일은 가을 절기의 중간에 있다고 해서 '중추'라고 한다. 둥글고 밝은 달을 보면서 집안이 화목하기를 기원하며 둥근 달 모양의 월병(月餅)을 먹는다. 월병은 둥근 달 모양으로 속에는 각종 소가 들어있다. 보통 떡과 다른 점은 월병의 겉면에 신화 속의 상아(嫦娥; 달 속에 있다는 전설 속의 선녀)가 달을 향해 날아가거나, 꽃은 활짝 피고 달은 둥글며(花好月圓), 풍년이 들고 장수하는 내용의 도안이 새겨져 있다.

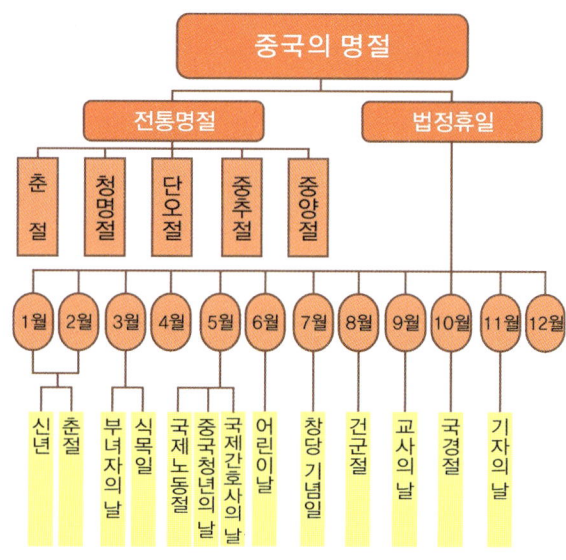

제 **11** 과

교양 중국어 첫걸음

你去哪儿?

어디 가십니까?

| | 图书馆 túshūguǎn | (명) 도서관. |

| | 到 dào | (개) …에. …로. …까지. |

| | 故宫 Gùgōng | (고유) 고궁. 옛 왕궁. [여기서는 베이징의 자금성을 가리킴] |

| | 离 lí | (개) …에서. …로부터. …까지. |

| | 远 yuǎn | (형) 멀다. |

| | 上班 shàngbān | (동) 출근하다. |

| | 家 jiā | (양) 집·점포·공장 등을 세는 단위. |

| | 贸易 màoyì | (명) 무역. 교역. 매매. 거래. |

| | 公司 gōngsī | (명) 회사. 직장. |

| | 秘书 mìshū | (명) 비서. (재외 공관의) 서기관. |

1
A: 你去哪儿?
Nǐ qù nǎr?

B: 我去银行, 你呢?
Wǒ qù yínháng, nǐ ne?

A: 我去图书馆。
Wǒ qù túshūguǎn.

2
A: 李先生, 你去哪儿?
Lǐ xiānshēng, nǐ qù nǎr?

B: 我到故宫去。 离这儿远吗?
Wǒ dào Gùgōng qù. Lí zhèr yuǎn ma?

A: 不太远。
Bú tài yuǎn.

3
A: 你到哪儿去?
Nǐ dào nǎr qù?

B: 我去学校, 你呢?
Wǒ qù xuéxiào, nǐ ne?

A: 我去上班。
Wǒ qù shàngbān.

B: 你在哪儿工作?
Nǐ zài nǎr gōngzuò?

A: 我在一家贸易公司做秘书。
Wǒ zài yì jiā màoyì gōngsī zuò mìshū.

구문 설명

1 개사 '到', '离'

'到', '离'는 시간이나 장소를 나타내는 목적어와 결합하여 개사구를 이루며, 동사 앞에 쓰여 부사어 역할을 한다. '到'는 도착 지점 및 시간을 나타내고, '离'는 두 지점 사이의 거리를 나타낸다.

我到故宫去。
Wǒ dào Gùgōng qù.
저는 고궁에 갑니다.

学校离这儿远吗?
Xuéxiào lí zhèr yuǎn ma?
학교는 여기서 멉니까?

2 양사

한국어의 '맥주 한 병', '노래 두 곡'처럼 중국어에도 사람이나 사물의 양을 세는 단어가 있는데, 이를 양사라고 한다. 어순은 '수사+양사+명사'이며, 자주 쓰이는 양사로는 다음과 같은 것들이 있다.

양사	모양, 성질	의미	명사
个 ge	넓은 의미의 사람과 사물	개	学生(xuésheng), 东西(dōngxi)
位 wèi	높여 불러야 할 사람	분	老师(lǎoshī), 客人(kèrén)
张 zhāng	평평하거나 펼칠 수 있는 것	장	床(chuáng), 桌子(zhuōzi), 地图(dìtú)

구문설명

양사	모양, 성질	의미	명사
件 jiàn	상의(上衣), 일, 짐	벌/건/개	毛衣(máoyī), 事(shì), 行李(xíngli)
辆 liàng	차량	대	汽车(qìchē), 火车(huǒchē)
枝 zhī	가는 막대 모양의 것	자루/개	铅笔(qiānbǐ), 香烟(xiāngyān)
条 tiáo	가늘고 긴 것	개	毛巾(máojīn), 裤子(kùzi), 路(lù)
本 běn	책	권	书(shū), 杂志(zázhì)
套 tào	세트를 이루는 것	세트	家具(jiājù), 文集(wénjí)
把 bǎ	손잡이가 있는 것	자루	刀子(dāozi), 椅子(yǐzi)
封 fēng	편지처럼 봉한 것	통	信(xìn)
块 kuài	덩어리로 된 것	개	面包(miànbāo), 肥皂(féizào)
对 duì	짝을 이루는 것(결합)	쌍	夫妇(fūfù)
双 shuāng	쌍을 이루는 것(병렬)	벌	鞋子(xiézi), 袜子(wàzi), 筷子(kuàizi)

제11과 你去哪儿? **135**

1. 다음 단어의 발음과 뜻을 쓰시오.

    (1) 图书馆　　발음：　　　　　　뜻：

    (2) 故宫　　　발음：　　　　　　뜻：

    (3) 上班　　　발음：　　　　　　뜻：

    (4) 贸易　　　발음：　　　　　　뜻：

    (5) 秘书　　　발음：　　　　　　뜻：

2. 다음 밑줄 친 부분을 주어진 단어로 치환하시오.

    (1) 我到故宫去。

    　　회사
    　　베이징
    　　학교

    (2) 学校离这儿远吗?

    　식당 / 그곳
    　회사 / 도서관
    　은행 / 고궁

3. 다음 문장을 해석하시오.

(1) 我去图书馆。

(2) 故宫离这儿远吗?

(3) 我在一家贸易公司做秘书。

4. 다음 문장을 중국어로 작문하시오.

(1) 그다지 멀지 않습니다.

(2) 저는 출근합니다.

(3) 어디 가십니까?

到
dào

뜻

离
lí

远
yuǎn

上班
shàngbān

贸易
màoyì

公司
gōngsī

秘书
mìshū

문화 산책

중국인이 선호하는 숫자

중국인들이 특히 선호하는 숫자로는 '6, 8, 9'가 있다. 이는 모두 중국어의 음(音)에서 비롯된 습관이다.

六

'六'는 전통적으로 '순조로움'을 상징하는 수이다. '六'는 중국어로 'liu'라고 발음하는데, 이는 '모든 일이 순조롭다'라는 의미의 '流'자와 발음이 같다. 현대인들도 습관적으로 '六'를 '順利 (shùnlì)'와 결합하여 '六六大順(liù liù dà shùn)'이라 하고, 전화번호, 자동차 번호판, 아파트 호수, 호텔 객실번호 등을 선택할 때도 사람들은 '六'를 선호한다.

八

'八'는 중국인들이 가장 좋아하는 숫자 중 하나로 'ba'로 발음되는데, 이는 중국인들이 가장 좋아하는 '돈을 벌다'라는 의미인 '发财(fā cái)'의 '发'와 발음이 비슷하여 '八'를 '재물'을 뜻하는 수로 여긴다. 그래서 매달 8일, 18일, 28일을 길일이라 여겨 개업식, 공사 시공일, 결혼식 날로 택한다. 이밖에도 '888'은 '发发发(fā fā fā)'와, 5월 18일을 줄여서 표현한 '五一八(wǔ yī bā)'는 '吾要发(wú yào fā: 나는 돈을 벌 것이다)'와 발음이 비슷하고, 8월 18일을 줄여서 표현한 '八一八(bā yī bā)'는 '发一发(fā yī fā)'의 발음과 유사하여 이런 날에는 각종 행사가 많다. 여기에는 모두 경제적으로 여유있게 해달라는 소망이 담겨져 있다. 또한 상인들은 손님의 기분을 좋게 하기 위해 188위안, 88위안 등으로 물건 값을 정해 놓는 경우도 있다. 따라서 중국에서는 '八'자가 이어지는 전화번호, 차번호 등에 웃돈을 얹어서 거래하기도 한다.

제11과 你去哪儿?

九

'九'는 '장수', '오래도록'이라는 '久(jiǔ)'의 발음과 같아서 사람들이 좋아하는 행운의 수로도 많이 쓰인다. 예를 들면, '九九八(jiǔ jiǔ bā)'는 곧 '久久发(jiǔ jiǔ fā: 오래도록 돈을 벌다)'의 발음과 같아서 사람들이 많이 쓴다.

제 12 과

교양 중국어 첫걸음

你喜欢什么?

당신은 무엇을 좋아합니까?

새로운 단어

- 运动 yùndòng　(명·동) 운동(하다).
- 打 dǎ　(동) (놀이, 운동을) 하다.
- 高尔夫球 gāo'ěrfūqiú　(명) 골프.
- 可惜 kěxī　(형) 애석하다. 안타깝다.
- 电影 diànyǐng　(명) 영화.
- 有意思 yǒu yìsi　재미있다.
- 会 huì　(조동) (배워서) …를 할 수 있다. …할 줄 알다.
- 菜 cài　(명) 음식. 요리.
- 都 dōu　(부) 모두. 다. 전부. [일반적으로 총괄하는 내용 앞에 쓰임]

Dialogue

1

A: 你喜欢什么运动?
Nǐ xǐhuan shéme yùndòng?

B: 我喜欢高尔夫球。
Wǒ xǐhuan gāo'ěrfūqiú.

A: 你想打高尔夫球吗?
Nǐ xiǎng dǎ gāo'ěrfūqiú ma?

B: 我想打,可惜不会打。
Wǒ xiǎng dǎ, kěxī bú huì dǎ.

2

A: 你喜欢看什么电影?
Nǐ xǐhuan kàn shéme diànyǐng?

B: 我喜欢看中国电影。
Wǒ xǐhuan kàn zhōngguó diànyǐng.

A: 中国电影有没有意思?
Zhōngguó diànyǐng yǒu méiyǒu yìsi?

B: 很有意思。
Hěn yǒu yìsi.

3

A: 你吃过中国菜吗?
Nǐ chī guo zhōngguócài ma?

B: 吃过。我喜欢吃中国菜。
Chī guo. Wǒ xǐhuan chī zhōngguócài

A: 你想吃什么?
Nǐ xiǎng chī shénme?

B: 我什么都喜欢吃。你会做中国菜吗?
Wǒ shénme dōu xǐhuan chī. Nǐ huì zuò zhōngguócài ma?

A: 不会。
Bú huì.

제12과 你喜欢什么?

구문설명

1 동태조사 '过'

'过'는 동사 뒤에서 '동사+过' 형식으로 쓰이며, 과거의 경험을 나타낸다. 부정형은 '没+동사+过' 형식으로 표현한다.

我吃过中国菜。
Wǒ chī guo zhōngguócài.
나는 중국요리를 먹어 본 적이 있습니다.

你没去过北京吗?
Nǐ méi qù guo Běijīng ma?
당신은 베이징에 가 본 적이 없습니까?

2 조동사 '会', '想'

'会(~할 줄 안다)', '想 xiǎng(~하고 싶다)'은 뒤에 오는 동사에 대한 능력, 바람, 기대 등을 나타낸다.

1) '会'는 주로 학습이나 연습을 통해 어떤 기술이나 기능을 터득하여 할 수 있는 능력을 나타낸다.

我会打高尔夫球。
Wǒ huì dǎ gāo'ěrfūqiú.
나는 골프를 칠 줄 압니다.

我不会做中国菜。
Wǒ bú huì zuò zhōngguócài.
나는 중국음식을 만들 줄 모릅니다.

2) '想'은 어떤 일을 하고 싶은 바람이나 기대를 나타낸다.

你想吃什么?
Nǐ xiǎng chī shénme?
당신은 어떤 음식을 먹고 싶나요?

你想看电影吗?
Nǐ xiǎng kàn diànyǐng ma?
당신은 영화를 보고 싶습니까?

1. 다음 단어의 발음과 뜻을 쓰시오.

   (1) 高尔夫球　　발음:　　　　　　뜻:

   (2) 可惜　　　　발음:　　　　　　뜻:

   (3) 电影　　　　발음:　　　　　　뜻:

   (4) 有意思　　　발음:　　　　　　뜻:

   (5) 菜　　　　　발음:　　　　　　뜻:

2. 다음 밑줄 친 부분을 주어진 단어로 치환하시오.

   (1) 我吃过<u>中国菜</u>。

   　　한국요리

   　　영국요리

   (2) 你想<u>吃</u>什么?

   　　보다

   　　듣다

3. 다음 문장을 해석하시오.

   (1) 我喜欢高尔夫球。

   (2) 你吃过中国菜吗?

   (3) 中国电影有没有意思?

4. 다음 문장을 중국어로 작문하시오.

   (1) 당신은 무슨 운동을 좋아합니까?

   (2) 저는 중국음식 먹는 것을 좋아합니다.

   (3) 저는 무엇이든 다 좋아합니다.

运动 yùndòng
뜻

高尔夫球 gāo'ěrfūqiú

可惜 kěxī

电影 diànyǐng

有意思 yǒu yìsi

菜 cài

문화 산책

인터넷 관련 신조어

최근 중국어의 신조어 동향을 살펴보면 정보화시대에 걸맞게 인터넷 관련 신조어들이 1위를 차지하고 있다. 요즘 젊은이들 사이에서는 '你好!'처럼 '你上网吗?(nǐ shàng wǎng ma: 당신은 인터넷을 하시나요?)'라는 말이 인사말이 되었다.

중국인들은 인터넷을 하는 것을 '上网(shàng wǎng)', 인터넷에서 나오는 것을 '下网(xià wǎng)'이라 한다. 여기서의 '网(wǎng)'은 '网络(wǎngluò: 네트워크)'로, 컴퓨터를 연결시켜 자료를 공유할 수 있도록 만든 시스템을 가리킨다. '网络'는 시스템의 범위에 따라 근거리 통신망(LAN)인 '局域网(júyùwǎng)'과 광역 통신망(WAN)인 '广域网(guǎngyùwǎng)'으로 나뉘어져 있다.

인터넷

인터넷은 전 세계의 무수히 많은 네트워크를 서로 연결시키는 컴퓨터 네트워크를 일컫는 말로 오늘날 사용빈도가 가장 높은 말이 되었다.

현재 중국은 '인터넷'이라는 단어에 대한 표기법이 통일되어 있지 않아 책마다 다르게 표현하고 있다. '互联网(hùliánwǎng)', '交互网(jiāohùwǎng)', '国际网(guójìwǎng)', '国际电脑网络(guójì diànnǎo wǎngluò)', '英特网(yīngtèwǎng)', '英特耐特(yīngtènàitè)' 등 다양하게 부른다. 이 중 언론매체에서는 '国际互联网(guójì hùliánwǎng)', '互联网(hùliánwǎng)', 'Internet'이란 표현을 가장 많이 쓴다.

네티즌

네트워크시대가 열리면서 '网(wǎng)'이 포함된 신조어들이 계속해서 나오고 있다. 예를 들면, '网页(wǎngyè: 웹 페이지)', '网址(wǎngzhǐ: 웹 주소)', '网民(wǎngmín: 네티즌)', '网友(wǎngyǒu: 인터넷 친구)', '网站(wǎngzhàn: 인터넷 사이트)', '网吧(wǎngbā: PC방)', '网龄(wǎnglíng: 인터넷을 한 기간)', '内部网(nèibùwǎng: 인트라넷)' 등이 그러하다.

이 밖에 컴퓨터 애호가들이 자발적으로 조직한 네트워크는 'BBS网(wǎng)', 인터넷 범죄를 전담하는 경찰은 '网络警察(wǎngluò jǐngchá)'라 한다.

제 13 과

교양 중국어 첫걸음

图书馆在哪儿？

도서관은 어디 있습니까?

- 请问 Qǐngwèn 말씀 좀 묻겠습니다.

- 邮局 yóujú (명) 우체국.

- 旁边 pángbiān (명) 옆. 곁.

- 公园 gōngyuán (명) 공원.

- 对面 duìmiàn (명) 맞은편. 건너편.

- 超市 chāoshì (명) 슈퍼마켓.

- 附近 fùjìn (명) 부근. 근처.

- 国际大厦 Guójì dàshà (고유) 국제빌딩.

1 A : 请问，图书馆在哪儿？
　　　　Qǐngwèn, túshūguǎn zài nǎr?

　　B : 对不起，我不知道。
　　　　Duìbuqǐ, wǒ bùzhīdào.

2 A : 请问，邮局在哪儿？
　　　　Qǐngwèn, yóujú zài nǎr?

　　B : 邮局在银行的旁边。
　　　　Yóujú zài yínháng de pángbiān.

3 A : 请问，公园在哪儿？
　　　　Qǐngwèn, gōngyuán zài nǎr?

　　B : 公园在银行对面。
　　　　Gōngyuán zài yínháng duìmiàn.

　　A : 公园附近有超市吗？
　　　　Gōngyuán fùjìn yǒu chāoshì ma?

　　B : 超市在银行附近的国际大厦里。
　　　　Chāoshì zài yínháng fùjìn de Guójì dàshàli.

1 '在'자문

'在'도 '有'와 마찬가지로 존재를 나타낼 수 있으며, 기본 구조는 '주어+在+목적어'이다. 이때 주어 자리에는 사람이나 사물만 올 수 있으며, 목적어 자리에는 장소를 나타내는 단어만 올 수 있다. 부정형은 동사 '在' 앞에 '不'를 붙인다.

1) 긍정형

老师在教室里。
Lǎoshī zài jiàoshìli.
선생님은 식당에 계십니다.

电脑在桌子上。
Diànnǎo zài zhuōzishang.
컴퓨터는 탁자 위에 있다.

2) 부정형

孩子们不在这儿。
Háizimen bú zài zhèr.
아이들은 여기에 없다.

词典不在桌子上。
Cídiǎn bú zài zhuōzishang.
사전은 탁자 위에 없다.

3) 의문문

他在家里吗?
Tā zài jiāli ma?
그는 집에 있나요?

银行在那儿吗?
Yínháng zài nàr ma?
은행은 저쪽에 있나요?

她在不在这里?
Tā zài bu zài zhèli?
그녀는 이곳에 있나요 없나요?

我的书在不在桌子上?
Wǒ de shū zài bu zài zhuōzishang?
내 책 탁자 위에 있어 없어?

老师在哪儿?
Lǎoshī zài nǎr?
선생님은 어디에 계십니까?

谁在那儿?
Shéi zài nàr?
누가 거기에 있습니까?

1. 다음 단어의 발음과 뜻을 쓰시오.

    (1) 请问　　　발음：　　　　　　뜻：

    (2) 邮局　　　발음：　　　　　　뜻：

    (3) 对面　　　발음：　　　　　　뜻：

    (4) 公园　　　발음：　　　　　　뜻：

    (5) 超市　　　발음：　　　　　　뜻：

2. 다음 문장을 부정형으로 바꾸시오.

    (1) 邮局在银行的旁边。

    (2) 公园在银行对面。

    (3) 超市在银行附近的国际大厦里。

3. 다음 문장을 해석하시오.

(1) 请问, 图书馆在哪儿?

(2) 邮局在银行的旁边。

(3) 公园附近有超市吗?

4. 다음 문장을 중국어로 작문하시오.

(1) 공원은 어디에 있습니까?

(2) 우체국은 공원 맞은편에 있습니다.

(3) 슈퍼마켓은 은행 근처 국제빌딩 안에 있습니다.

쓰기 연습

邮局 yóujú
뜻

旁边 pángbiān

对面 duìmiàn

附近 fùjìn

国际 guójì

大厦 dàshà

문화 산책

다양한 중국어 입력법과 중국어 컴퓨터용어

중국어 입력법

한국에서는 중국어를 입력할 때 중국어입력기를 이용하여 병음으로 입력하거나 '아래아한글' 프로그램에서는 한자를 입력한 후 서체를 '중국어간체'로 바꾸기도 한다. 물론 '아래아한글'에서도 병음으로 입력할 수 있다. 하지만 중국에서의 입력방법은 매우 다양하다. 가장 많이 쓰는 입력방법은 '单拼(dānpīn)', '双拼(shuāngpīn)', '全拼(quánpīn)' 세 가지 방법이다. 이밖에도 '五笔字形(wǔbǐzìxíng)', '形声码(xíngshēngmǎ)', '自然码(zìránmǎ)' 등의 새로운 입력법이 나오고 있기 때문에 사람들은 이러한 현상을 일컬어 '수많은(万) 입력법(码)이 용솟음쳐 나온다(奔腾)'고 해서 '万码奔腾(wànmǎbēnténg)'이라 부르기도 한다. 이런 방법들마저도 불편하다면 '手写输入(shǒuxiěshūrù: 쓰기 입력법)'와 '语言输入(yǔyánshūrù: 언어 입력법)'를 이용할 수 있다. '手写输入'는 전자펜을 이용해 특수한 자판 위에 한자를 써서 입력하는 방법이고, '语言输入'는 언어별 소프트웨어를 설치해 컴퓨터가 소리를 문자화시켜 모니터에 나타나게 하는 방식이다.

중국어 컴퓨터용어

输入(shūrù: 입력하다)　　　　　硬盘(yìngpán: 하드디스크)

开始(kāishǐ: 시작)　　　　　　文件夹(wénjiànjiā: 폴더)

程序(chéngxù: 프로그램)　　　　软盘(ruǎnpán: 플로피디스크)

我的电脑(wǒdediànnǎo: 내 컴퓨터)　光标(guāngbiāo: 커서)

제13과　图书馆在哪儿?　**159**

我的文件(wǒdewénjiàn: 내 문서)　　内存(nèicún: 메모리)

电子邮件(diànzǐyóujiàn: E-mail)　　鼠标(shǔbiāo: 마우스)

打印机(dǎyìnjī: 프린터)　　控制面板(kòngzhìmiànbǎn: 제어판)

回车键(huíchējiàn: 엔터키)　　键盘(jiànpán: 키보드)

操作系统(cāozuò xìtǒng: OS)　　回收站(huíshōuzhàn: 휴지통)

黑客(hēikè: 해커)　　菜单(càidān: 메뉴)

교양 중국어 첫걸음

제 **14** 과

我来介绍一下。

제가 소개하겠습니다.

새로운 단어

- 认识 rènshi (동) 알다. 인식하다.
- 高兴 gāoxìng (형) 기쁘다.
- 介绍 jièshào (동) 소개하다.
- 一下 yíxià (수량) 동사 뒤에 쓰여 '시험 삼아 해 보다', '좀 …하다'의 뜻을 나타낸다.
- 宋大韩 Sòngdàhán (고유) 송대한.
- 班 bān (명) 조. 그룹. 반.
- 约翰 Yuēhàn (고유) 존(John).
- 麦克 Màikè (고유) 마이클(Michael).
- 美国人 měiguórén (명) 미국인.
- 英国人 yīngguórén (명) 영국인.
- 宋民国 Sòngmínguó (고유) 송민국.
- 希望 xīwàng (동) (생각하는 것이 실현되기를) 희망하다. 바라다.
- 跟 gēn (개) …와(과). [동작과 관련 있는 대상을 이끌 때 쓰임]
- 成为 chéngwéi (동) …이(가) 되다. …(으)로 되다.
- 完 wán (동) 마치다. 끝나다. 완결되다.
- 了 le (조) 동사 또는 형용사 뒤에 쓰여 동작이 이미 완성되었음을 나타낸다.
- 宋万岁 Sòngwànsuì (고유) 송만세.
- 从 cóng (개) …부터. …을 기점으로.
- 性格 xìnggé (명) 성격.
- 热情 rèqíng (형) 열정적이다. 친절하다. 다정하다.
- 开朗 kāilǎng (형) (생각·마음·성격 등이) 낙관적이다. 명랑하다. 유쾌하다.
- 将来 jiānglái (명) 장래. 미래.
- 关照 guānzhào (동) 돌보다. 보살피다. 배려하다.

1 你们好，认识你们很高兴。
Nǐmen hǎo, rènshi nǐmen hěn gāoxìng.

我来介绍一下，我是韩国留学生宋大韩，我学习汉语。
Wǒ lái jièshào yíxià, wǒ shì hánguó liúxuéshēng Sòngdàhán, wǒ xuéxí hànyǔ.

我是三班的学生。
Wǒ shì sān bān de xuéshēng.

这是我同学约翰和麦克，他们也是留学生。
Zhè shì wǒ tóngxué Yuēhàn hé Màikè, tāmen yě shì liúxuéshēng.

他们都不是韩国人，约翰是美国人，麦克是英国人。
Tāmen dōu bú shì hánguórén, Yuēhàn shì měiguórén, Màikè shì yīngguórén.

2 你们好，我叫宋民国。
Nǐmen hǎo, wǒ jiào Sòngmínguó.

今年20岁，是韩国人，上大学一年级。
Jīnnián èrshí suì, shì hánguórén, shàng dàxué yī niánjí.

我家有四口人，爸爸、妈妈、一个弟弟和我。
wǒ jiā yǒu sì kǒu rén, bàba、māma、yí ge dìdi hé wǒ.

我喜欢看电影、听音乐。
Wǒ xǐhuan kàn diànyǐng、tīng yīnyuè.

我希望跟你们成为好朋友，我的介绍完了，谢谢大家。
Wǒ xīwàng gēn nǐmen chéngwéi hǎo péngyǒu, wǒ de jièshào wán le, xièxie dàjiā.

3 你们好，我叫宋万岁，今年25岁，是从韩国来的。
Nǐmen hǎo, wǒ jiào Sòngwànsuì, jīnnián èrshíwǔ suì, shì cóng hánguó lái de.

我是韩国语老师，我的性格热情开朗。
Wǒ shì hánguóyǔ lǎoshī, wǒ de xìnggé rèqíng kāilǎng.

我希望将来在中国工作。请多多关照，谢谢。
Wǒ xīwàng jiānglái zài zhōngguó gōngzuò. Qǐng duō duō guānzhào, xièxie.

1 개사 '跟'

'跟'은 동작이나 행위의 대상을 목적어로 취한다. '跟'이 '~와'라는 뜻으로 쓰일 경우에는 '~는 ~와 ~을 한다'는 의미를 나타내고, '~에게(서)'라는 뜻으로 쓰일 경우에는 '~는 ~에게서 ~을 한다'라는 의미를 나타낸다.

我跟他去。
Wǒ gēn tā qù.
나는 그와 간다.

我跟她工作。
Wǒ gēn tā gōngzuò.
나는 그녀와 일한다.

2 개사 '从'

'从'은 '~부터'라는 뜻으로 시간이나 장소를 나타내는 단어를 목적어로 취하며, 목적어의 성격에 따라 주어의 동작이나 행위가 시작되는 시간이나 공간상의 기점을 나타낸다.

我从九点工作。
Wǒ cóng jiǔdiǎn gōngzuò.
나는 9시부터 근무한다.

学校从下星期放假。
Xuéxiào cóng xiàxīngqī fàngjià.
학교는 다음 주부터 방학한다.

火车从上海来。
Huǒchē cóng Shànghǎi lái.
기차는 상하이에서 온다.

구문설명

汽车从学校出发。
Qìchē cóng xuéxiào chūfā.
차는 학교에서 출발한다.

3. '是~的' 강조구문

'是~的' 강조구문은 이미 발생한 동작에 대해, 그 동작이 행해졌던 시간·장소·목적·대상·방식 등을 강조할 때 사용한다. 이때 '是'는 강조해서 설명하려는 부분(주로 개사구) 앞에 두고 '的'는 일반적으로 문장 끝에 두는데, '是'는 종종 생략하기도 한다. 즉, '是~的' 구문의 기본 구조는 '주어(+是)+강조할 내용+동사+的'이다. '是~的' 구문의 부정형은 '不是~的'를 쓴다. 긍정문에서는 '是'를 생략할 수 있지만 부정문에서는 '是'를 생략할 수 없다는 점에 주의해야 한다.

他(是)什么时候来的?
Tā shì shénme shíhou lái de.
그는 언제 왔니? (시간)

他(是)昨天来的。
Tā shì zuótiān lái de.
그는 어제 왔다.

他(是)从哪儿来的?
Tā shì cóng nǎr lái de.
그는 어디에서 왔니? (장소)

他(是)从首尔来的。
Tā shì cóng Shǒu'ěr lái de.
그는 서울에서 왔다.

구문 설명

他(是)为什么来的?
Tā shì wèishénme lái de.
그는 왜 왔니? (목적)

他(是)为公司来的。
Tā shì wèi gōngsī lái de.
그는 회사를 위해 왔다.

他(是)给谁写的?
Tā shì gěi shéi xiě de.
그는 누구에게 썼어? (대상)

他(是)给妈妈写的。
Tā shì gěi māma xiě de.
그는 엄마에게 썼다.

他(是)怎么来的?
Tā shì zěnme lái de.
그는 어떻게 왔니? (방식)

他(是)坐火车来的。
Tā shì zuò huǒchē lái de.
그는 기차를 타고 왔다.

我不是上星期来的,是这星期来的。
Wǒ bú shì shàng xīngqī lái de, shì zhè xīngqī lái de.
나는 지난주에 온 것이 아니라, 이번 주에 왔다.

她不是坐车去的,是骑车去的。
Tā bú shì zuò chē qù de, shì qí chē qù de.
그녀는 차를 타고 간 것이 아니라, 자전거를 타고 갔다.

火车不是从上海来的,是从南京来的。
Huǒchē bú shì cóng Shànghǎi lái de, shì cóng Nánjīng lái de.
기차는 상하이에서 온 것이 아니라, 난징에서 왔다.

연습문제

1. 다음 단어의 발음과 뜻을 쓰시오.

   (1) 认识 　　　발음 :　　　　　　　뜻 :

   (2) 高兴 　　　발음 :　　　　　　　뜻 :

   (3) 介绍 　　　발음 :　　　　　　　뜻 :

   (4) 希望 　　　발음 :　　　　　　　뜻 :

   (5) 关照 　　　발음 :　　　　　　　뜻 :

2. 다음 문장을 부정형으로 바꾸시오.

   (1) 我学习汉语。

   (2) 我是韩国语老师。

   (3) 我喜欢看电影。

   (4) 我是从韩国来的。

3. 다음 문장을 해석하시오.

   (1) 我是三班的学生。

   (2) 我希望跟你们成为好朋友。

   (3) 我希望将来在中国工作。

4. 다음 문장을 중국어로 작문하시오.

   (1) 잘 부탁드립니다.

   (2) 그들도 유학생입니다.

   (3) 저는 성격이 다정하고 명랑합니다.

쓰기 연습

认识
rènshi

뜻

高兴
gāoxìng

介绍
jièshào

希望
xīwàng

成为
chéngwéi

热情
rèqíng

开朗
kāilǎng

将来
jiānglái

关照
guānzhào

중국인과의 교류 에티켓

새로운 사람과의 교류는 음주와 식사 자리를 빌어 이루어지는 경우가 많다. 중국인과의 교류도 예외는 아니다. 그런데 중국인들은 자신들의 음식문화에 대한 애착이 강하고 우리와 다른 것들도 적지 않기 때문에 원만한 교류를 위해서는 세심한 주의가 필요하다.

중국인들에 대한 식사대접은 중국식으로 하는 것이 가장 무난하다. 특히 한국화된 중국요리는 중국인의 입맛에 맞지 않으므로 중국 본토에서 초빙한 주방장이 있는 중국음식점에서 하는 것이 좋다. 한국음식점에서 대접할 경우에는 국물이 많은 탕이나 찌개, 전골류는 메인 요리로 적합하지 않다. 담백한 한국음식은 먹고 돌아서면 배고플 수 있으므로 닭고기나 돼지고기 요리, 또는 잡채나 볶음요리를 포함시키는 것이 좋다. 중국인은 요리와 밥은 젓가락으로만 먹기 때문에 탕을 마실 때가 아니면 숟가락을 거의 사용하지 않는다. 특히 쌀에 찰기가 없으면 밥공기를 들고 입에 대고 먹는데 우리와 다른 그들의 식습관을 이해할 필요가 있다. 또한 우리는 주식과 반찬을 함께 먹지만, 중국인은 먼저 요리로 배를 채우고 난 뒤 주식으로 밥이나 면 등을 먹는다.

중국인의 음주문화도 우리와 다른 점이 많다. 우리는 술을 권하고 싶은 사람에게 빈 잔을 권하고 술을 따르지만 중국인들은 술잔을 돌리지 않고 자기 잔을 채워 두 손으로 정중히 들고 상대방에게 함께 들기를 청한다. 이럴 경우 대개 잔을 비우고 그 빈 잔을 서로에게 보여주는 것이 예의이다. 이는 "당신이 청한 잔을 이렇게 기쁘게 비웠습니다. 응해 주셔서 감사합니다. 저도 이렇게 함께 비웠습니다."라는 의미를 가지고 있다. 술을 마실 때는 반드시 상대에게 함께 마시기를 권해야 하며, 술을 못 마시는 사람은 잔에 음료수를 채워 응대해도 크게 실례가 되지는 않는다. 상대의 술잔이 항상 가득 차 있도록 하는 것이 예의이므로 상대가 술잔을 다 비우지 않았더라도 계속 첨잔을 해주어야 한다. 한국의 소주는 도수 높은 중국술에 길들여진 중국인들에게는 물처럼 느껴져 과음하게 쉬우니 각별히 조심시키는 것이 좋다.

한편 중국인들은 격식을 갖춘 접대 자리에서는 좌석 배열을 매우 중시한다. 이 때문에 초대를 받은 경우에는 중국 측 초청자로부터 자리를 안내 받을 때까지 기다리는 것이 좋다. 그리고 초대를 하게 된 경우에는 사전에 상대방 담당자와 충분히 상의하여 서열에 맞게 자리를 정해 두어야 한다. 좌석 배치가 잘못되면 회식 분위기가 어색해질 뿐만 아니라 거래나 교섭 전체가 어그러질 수도 있기 때문에 특별한 주의와 배려가 필요하다.

마지막으로 중국인들은 문화적 자부심이 강해서 자신들에게서 배워간 문화를 굳이 구경할 필요는 없다고 여긴다. 이 때문에 중국인에게 관광을 시켜줄 경우에는 전통문화 유산이나 박물관보다는 남이섬이나 쁘띠 프랑스와 같은 한류 드라마 촬영지나 롯데월드나 남산타워 같은 현대적인 명소를 소개하는 것이 좋다.

제 15 과

교양 중국어 첫걸음

复习

복습

复习

1. 다음 단어의 발음과 뜻을 쓰시오.

    (1) 美国　　　발음 :　　　　　　뜻 :

    (2) 汉语　　　발음 :　　　　　　뜻 :

    (3) 故宫　　　발음 :　　　　　　뜻 :

    (4) 上班　　　발음 :　　　　　　뜻 :

    (5) 高尔夫球　발음 :　　　　　　뜻 :

    (6) 可惜　　　발음 :　　　　　　뜻 :

    (7) 邮局　　　발음 :　　　　　　뜻 :

    (8) 银行　　　발음 :　　　　　　뜻 :

    (9) 公园　　　발음 :　　　　　　뜻 :

    (10) 超市　　　발음 :　　　　　　뜻 :

2. 다음 발음을 보고 단어와 뜻을 쓰시오.

    (1) yīnyuè　　단어 :　　　　　　뜻 :

    (2) gōngzuò　단어 :　　　　　　뜻 :

    (3) hànzì　　단어 :　　　　　　뜻 :

复习

　　(4) fāyīn　　　단어:　　　　　뜻:

　　(5) gōngsī　　　단어:　　　　　뜻:

　　(6) mìshū　　　단어:　　　　　뜻:

　　(7) yùndòng　　단어:　　　　　뜻:

　　(8) diànyǐng　　단어:　　　　　뜻:

　　(9) duìmiàn　　단어:　　　　　뜻:

　　(10) fùjìn　　　단어:　　　　　뜻:

3. 다음 문장을 부정형으로 바꾸시오.

　　(1) 我学习汉语。

　　(2) 汉语很难。

　　(3) 我在银行工作

　　(4) 他是中学老师。

복习

(5) 他教英语。

(6) 我喜欢看电影。

(7) 公园在银行对面。

(8) 超市在银行附近的国际大厦里。

(9) 我是从韩国来的。

(10) 我是三班的学生。

4. 다음 문장을 해석하시오.

(1) 你学习什么?

(2) 汉字很难, 发音不太难。

复习

(3) 你吃早饭以后做什么?

(4) 我在北京大学念书。

(5) 你爸爸做什么?

(6) 我到故宫去。

(7) 我在一家贸易公司做秘书。

(8) 请问, 图书馆在哪儿?

(9) 我希望跟你们成为好朋友。

(10) 我希望将来在中国工作。

复习

5. 다음 문장을 중국어로 작문하시오.

(1) 당신은 무엇을 배웁니까?

(2) 중국어는 어렵나요 어렵지 않나요?

(3) 나는 음악을 듣습니다.

(4) 당신은 무슨 일을 하십니까?

(5) 저는 골프를 좋아합니다.

(6) 당신은 중국요리를 먹어 본 적이 있습니까?

(7) 중국영화는 재미있나요 재미없나요?

(8) 우체국은 은행 옆에 있습니다.

复习

(9) 안녕하세요, 여러분을 알게 되어 기쁩니다.

(10) 그들은 모두 한국인이 아닙니다.

중국 전망

우리와 중국은 역사적 교류와 지리적 인접성 때문에 타 지역에 비해 상대적으로 비슷한 문화를 공유해왔다. 하지만 한국과 중국 사이에는 지난 20세기에 짧게는 40여 년, 길게는 100여 년의 단절이 있었다. 그동안 우리와 중국은 서로 다른 길을 걸어왔으며, 그 결과 예전과 다른 모습을 가지게 되었다. 따라서 지금의 중국을 이해하기 위해서는 과거의 중국과 현재의 중국이 구체적으로 어떻게 다른지, 또 앞으로 중국이 어떻게 변해가고 우리와 어떠한 관계를 맺게 될지 정확하게 파악하지 않으면 안 된다. 우리의 이해와 노력 정도에 따라 중국과 불가분의 관계를 유지해야만 하는 21세기 한국의 위상은 크게 달라질 것이기 때문이다.

21세기 중국은 경제력을 바탕으로 정치력과 군사력, 그리고 외교력을 강화하면서 실리와 체면을 동시에 추구하는 강대국의 면모를 갖춰나가고 있다. 19세기에는 영국이, 20세기에는 미국이 강대국으로 등장했다면, 21세기에는 중국의 힘이 증대되는 시기가 될 것이며, 미국의 독주에 제동을 걸 수 있는 유일한 강대국이 될 것이다. 이러한 중국은 앞으로 한국을 둘러싼 국제정세에 막대한 영향력을 행사하게 될 것이다. 그리고 중국 중심의 질서를 구축하고 이 질서 속으로 강제 편입을 시도할 가능성이 매우 크다. 때문에 한국으로서는 이에 대한 대내외적인 준비와 노력이 매우 시급하다.

한편 중국 경제의 성장과 한류 열기에 힘입어 많은 중국인들이 우리나라를 찾고 있다. 현재 유학생 수에서 압도적인 1위를 차지할 뿐만 아니라 관광특구인 제주도에 가장 많은 투자를 한 외국인도 바로 중국인들이다. 특히 최근에는 중국인 관광객의 수가 급속하게 늘어나고 있다. 매년 설이나 노동절, 국경절과 같은 중국의 연휴 기간에는 10만 명 이상이 동시에 한국을 방문하여 관광버스와 가이드를 싹쓸이하기도 한다.

중국인 관광객들이 지출하고 가는 여행비의 규모도 갈수록 커져가고 있다. 이들은 면세점에서 1인당 평균 100만 원 이상의 상품을 구매하고 있으며, 화장품에서 시작하여 명품백과 의류, 미용과 성형 의료서비스, 스파와 스키 등과 같은 레져 분야에 이르기까지 광범위한 영역에서 구매가 이루어지고 있다. 더욱 중요한 것은 현재 한국 여행을 기다리고 있는 중국인의 수가 약 3,500만 명에 이른다는 점이다. 이는 실질 구매력을 갖춘 한국의 경제활동 인구수를 넘어서는 엄청난 규모이다.

이러한 흐름에 따라 앞으로는 중국인들을 찾아가서 우리 것을 사달라고 호소하던 시대에서 우리를 찾아오는 중국인들에게 그들이 원하는 특화된 서비스와 상품을 판매하는 시대로 전환될 것이다. 따라서 이러한 시대적 변화에 맞춰 적절한 중국인 서비스 마인드 구축과 그들이 원하는 특화된 상품 개발에 주의를 기울일 필요가 있다. 앞으로 한국을 방문하는 중국인들을 어떻게 맞이하느냐에 따라, 그리고 그들의 구미에 맞는 상품을 어떻게 성공적으로 개발하느냐에 따라 한국 관광 서비스 산업의 미래는 크게 달라질 것이다.

부 록

본문 해석
연습문제 정답
단어 색인

본문 해석

제1과

(1) A: 안녕하세요!
    B: 안녕하세요!
(2) A: 선생님 안녕하세요!
    B: 학생 여러분 안녕하세요!
(3) A: 감사합니다!
    B: 천만에요!
(4) A: 미안합니다.
    B: 괜찮습니다.
(5) A, B: 선생님 안녕히 가세요!
    C: 안녕히 가세요!

제2과

(1) A: 잘 지내세요?
    B: 나는 잘 지내요, 당신은요?
    A: 나도 잘 지내요.
(2) A: 그녀는 바쁜가요?
    B: 그녀는 그다지 바쁘지 않아요.

제3과

A: 당신 성은 무엇입니까?
B: 저는 왕 씨입니다.
A: 당신 이름은 무엇입니까?
B: 저는 왕샤오리라고 합니다.

제4과

A: 안녕하세요!
B: 안녕하세요!
A: 당신은 어느 나라 사람입니까?
B: 저는 한국 사람입니다. 당신은요?
A: 저는 영국 사람입니다. 당신은 유학생입니까?
B: 맞습니다. 저는 한국 유학생입니다.

제5과

(1) A: 당신은 가족이 몇 명입니까?
　　 B: 우리 가족은 네 명입니다
(2) A: 당신은 언니가 몇 명 있습니까?
　　 B: 저는 언니가 두 명 있습니다.
(3) A: 그곳에는 무엇이 있습니까?
　　 B: 그곳에는 박물관이 있습니다.
(4) A: 탁자 위에는 무엇이 있습니까?
　　 B: 탁자 위에는 책가방 하나가 있습니다.

제6과

(1) A: 오늘은 몇 월 며칠입니까?
　　 B: 오늘은 5월 15일입니다.
(2) A: 오늘 무슨 요일입니까?
　　 B: 오늘은 수요일입니다.
(3) A: 지금 몇 시입니까?
　　 B: 지금 10시 15분입니다.
(4) A: 이 바지는 얼마입니까?
　　 B: 이 바지는 150원입니다.
(5) A: 당신은 올해 몇 살입니까?
　　 B: 저는 올해 19살입니다. 당신은 몇 살입니까?
　　 A: 저도 19살입니다.
　　 B: 우리는 동갑이군요.

제7과

A: 오늘 날씨 어때요?
B: 일기예보에서 오늘 비 온다고 했어요.
A: 저는 비 오는 날을 좋아해요. 내일 날씨는 어때요?
B: 아주 좋아요! 봄에는 날씨는 정말 좋아요, 춥지도 덥지도 않고.
A: 북경의 여름은 어떤가요?
B: 아주 더워요!

본문 해석

제9과

A: 안녕하세요!
B: 안녕하세요!
A: 당신은 어느 나라 사람입니까?
B: 저는 미국 사람입니다, 당신은요?
A: 저는 한국 사람입니다, 당신은 무엇을 배웁니까?
B: 저는 중국어를 배웁니다. 당신은요?
A: 저는 서예를 배웁니다. 중국어는 어렵나요?
B: 한자는 어렵지만, 발음은 그다지 어렵지 않습니다.

제10과

(1) A: 아침 식사 후에 뭘 할 거니?
    B: 음악을 들을 거야, 너는?
    A: 난 중국어를 공부할거야.
(2) A: 당신은 무슨 일을 하십니까?
    B: 저는 은행에서 일합니다. 당신은요?
    A: 저는 학생입니다. 베이징대학에서 공부합니다.
(3) A: 아버지께서는 무슨 일을 하십니까?
    B: 아버지는 중학교 선생님입니다.
    A: 무엇을 가르치십니까?
    B: 영어를 가르치십니다.

제11과

(1) A: 어디 가?
    B: 은행 가, 너는?
    A: 나는 도서관에 가.
(2) A: 이 선생님, 어디 가세요?
    B: 고궁에 가는데, 여기서 먼가요?
    A: 그다지 멀지 않습니다.
(3) A: 어디 가세요?
    B: 학교에 갑니다, 당신은요?
    A: 저는 출근합니다.
    B: 어디에서 일하세요?
    A: 저는 무역회사에서 비서로 일합니다.

제12과

(1) A: 당신은 무슨 운동을 좋아하십니까?
　　B: 저는 골프를 좋아합니다.
　　A: 골프를 치고 싶으신가요?
　　B: 치고는 싶은데, 안타깝게도 칠 줄을 모릅니다.
(2) A: 당신은 어떤 영화를 좋아합니까?
　　B: 저는 중국영화를 좋아합니다.
　　A: 중국영화는 재미있나요?
　　B: 재미있습니다.
(3) A: 중국요리 먹어 본 적 있습니까?
　　B: 먹어 본 적 있습니다. 저는 중국요리를 좋아합니다.
(4) A: 당신은 어떤 음식을 먹고 싶나요?
　　B: 저는 무엇이든 다 좋아합니다. 중국요리 만들 줄 아시나요?
　　A: 만들 줄 모릅니다.

제13과

(1) A: 말씀 좀 묻겠습니다. 도서관은 어디에 있나요?
　　B: 죄송합니다, 모르겠네요.
(2) A: 말씀 좀 묻겠습니다, 우체국은 어디에 있나요?
　　B: 우체국은 은행 옆에 있습니다.
(3) A: 말씀 좀 묻겠습니다, 공원은 어디에 있나요?
　　B: 공원은 은행 맞은편에 있습니다.
　　A: 공원 근처에 슈퍼마켓이 있나요?
　　B: 슈퍼마켓은 은행 근처 국제빌딩 안에 있습니다.

제14과

(1) 안녕하세요. 여러분을 알게 되어 기쁩니다. 제 소개를 하겠습니다. 저는 한국 유학생 송대한입니다. 중국어를 배우고 있습니다. 저는 3반 학생입니다. 이쪽은 제 학우 존과 마이클이고, 저들도 유학생입니다. 저들은 모두 한국인이 아닙니다. 존은 미국인이고, 마이클은 영국인입니다.
(2) 안녕하세요. 저는 송민국입니다. 올해 20살이고, 한국 사람입니다. 대학교 1학년에 다니고 있습니다. 저희 가족은 아버지, 어머니, 남동생과 저 이렇게 네 식구입니다. 저는 영화 보는 것과 음악 듣는 것을 좋아합니다. 여러분들과 좋은 친구가 되기를 바랍니다. (이것으로) 제 소개를 마치겠습니다. 감사합니다.
(3) 안녕하세요. 저는 송만세입니다. 올해 25살이고, 한국에서 왔습니다. 저는 한국어선생님입니다. 저는 성격이 다정하고 명랑합니다. 저는 장래에 중국에서 일하고 싶습니다. 잘 부탁드립니다. 감사합니다.

연습문제 정답

제1과

1. (1) nǐ 너. 당신.
   (2) hǎo 좋다. 건강하다.
   (3) lǎoshī 선생님.
   (4) tóngxué 학우. 학교 친구.
   (5) zàijiàn 안녕히 가세요(계세요). 안녕!
2. (1) A: 你好!
      B: 你好!
   (2) A: 谢谢!
      B: 不客气!
   (3) A: 对不起。
      B: 没关系。
   (4) A, B: 老师, 再见!
      C: 再见!
3. (1) 안녕하세요!
   (2) 감사합니다.
   (3) 천만에요.
4. (1) 对不起。
   (2) 没关系。
   (3) 再见。

제2과

1. (1) wǒ 나. 저.
   (2) hěn 매우. 몹시.
   (3) yě ~도. 역시.
   (4) máng 바쁘다.
   (5) tài 너무.
2. (1) A: 你好吗?
      B: 我很好, 你呢?
      A: 我也很好。
   (2) A: 你忙吗?
      B: 我很忙, 你呢?
      A: 我不太忙。
3. (1) 당신은요?
   (2) 저도 잘 지냅니다.

　　　(3) 그녀는 그다지 바쁘지 않습니다.
4.　(1) 你好吗?
　　(2) 我很好。
　　(3) 不太忙。

제3과

1.　(1) jiào　~라고 부르다.
　　(2) shénme　무엇.
　　(3) míngzi　이름.
　　(4) xìng　(성이) ~이다.
2.　(1) A: 你姓什么?
　　　　B: 我姓王。
　　(2) A: 你叫什么名字?
　　　　B: 我叫王小丽。
3.　(1) 你姓什么?
　　(2) 我姓王。
　　(3) 你叫什么名字?

제4과

1.　(1) shì　~이다.
　　(2) rén　사람.
　　(3) guó　나라.
　　(4) liúxuéshēng　유학생.
2.　(1) 你是哪国人?
　　(2) 他是留学生吗?
3.　(1) 부정형: 我不是韩国人。
　　　의문문: 你是韩国人吗? / 你是不是韩国人?
　　(2) 부정형: 他不是留学生。
　　　의문문: 他是留学生吗? / 他是不是留学生?
4.　(1) 她是哪国人?
　　(2) 我不是留学生。

부록　**191**

제5과

1. (1) jiā 집
   (2) kǒu 명.
   (3) jiějie 누나. 언니.
   (4) zhuōzi 탁자. 책상.
2. (1) 부정형: 我没有姐姐。
   　　의문문: 你有姐姐吗? / 你有没有姐姐?
   (2) 부정형: 这儿没有博物馆。
   　　의문문: 这儿有博物馆吗? / 这儿有没有博物馆?
3. (1) 우리 가족은 네 명입니다,
   (2) 그곳에는 무엇이 있습니까?
   (3) 탁자 위에는 책가방이 있습니다.
4. (1) 我有一个姐姐。
   (2) 他有一个书包。
   (3) 这儿没有博物馆。

제6과

1. (1) jīntiān 오늘.
   (2) xīngqī 요일.
   (3) kùzi 바지.
   (4) duōshǎo 얼마.
2. (1) 今天五月七号。 / 今天十二月二十三号。
   (2) 现在两点一刻。 / 现在十点半。
   (3) 这条裤子一百三十二块。 / 这条裤子九十块。
3. (1) 현재 10시15분입니다.
   (2) 당신은 올해 몇 살입니까?
   (3) 우리는 동갑이군요.
4. (1) 他今年二十岁。
   (2) 我(是)韩国人, 他(是)中国人。
   (3) 这条裤子两百四十三块(钱)。

제7과

1. (1) xiàyǔ 비가 내리다.
   (2) xǐhuan 좋아하다.

   (3) míngtiān 내일.
   (4) lěng 춥다.
   (5) rè 덥다.
2. (1) 春天天气真不错。
  (2) 北京的夏天怎么样?
  (3) 天气预报说今天下雨。
3. (1) 부정형: 明天不下雨。
    의문문: 明天下雨吗? / 明天下不下雨?
  (2) 부정형: 北京的夏天不热。
    의문문: 北京的夏天热吗? / 北京的夏天热不热? / 北京的夏天怎么样?
4. (1) 今天天气怎么样?
  (2) 我喜欢下雨天。
  (3) 不冷也不热。

제8과

1. (1) lǎoshī 선생님.
  (2) xièxie 고맙습니다.
  (3) míngzi 이름.
  (4) hánguó 한국.
  (5) liúxuéshēng 유학생.
  (6) bówùguǎn 박물관.
  (7) kùzi 바지.
  (8) xiàyǔ 비가 내리다.
  (9) chūntiān 봄.
  (10) fēicháng 매우.
2. (1) 同学 학우. 학교 친구.
  (2) 什么 무엇.
  (3) 英国 영국.
  (4) 姐姐 누나. 언니.
  (5) 桌子 탁자. 책상.
  (6) 书包 책가방.
  (7) 星期 요일.
  (8) 北京 베이징.
  (9) 预报 예보.
  (10) 夏天 여름.
3. (1) 바쁘십니까?
  (2) 당신의 이름은 무엇입니까?

부록 **193**

연습문제 정답

  (3) 저는 한국 유학생입니다.
  (4) 우리 동갑이군요.
  (5) 당신은 가족이 몇 명입니까?
  (6) 오늘은 일요일입니다.
  (7) 이 바지는 얼마입니까?
  (8) 당신은 책가방이 있습니까?
  (9) 저는 비 오는 날을 좋아해요.
  (10) 봄에는 날씨가 정말 좋아요.

4. (1) 对不起。
  (2) 她不太忙。
  (3) 你是哪国人?
  (4) 那儿有博物馆。
  (5) 桌子上有什么?
  (6) 今天星期几?
  (7) 你多大?
  (8) 现在几点?
  (9) 今天天气怎么样?
  (10) 今天不冷也不热。

5. (1) 十点十五分 / 十点一刻
  (2) 十一点五十分 / 差十分十二点
  (3) 十二点三十分 / 十二点半
  (4) 一点四十五分 / 一点三刻 / 差一刻两点 / 两点差一刻
  (5) 两点五十五分 / 差五分三点 / 三点差五分

6. (1) 125 一百二十五
  (2) 207 二百零七
  (3) 1,070 一千零七十
  (4) 2,009 两千零九
  (5) 30,705 三万零七百零五

제9과

1. (1) Měiguó 미국.
  (2) shūfǎ 서예.
  (3) xuéxí 배우다. 공부하다.
  (4) hànzì 한자.
  (5) fāyīn 발음.

2. (1) 我学习汉语。
  (2) 发音不太难。

(3) 汉字很难。
3. (1) 부정형: 我不学习汉语。
　　　의문문: 你学习汉语吗? / 你学(习)不学习汉语? / 你学习什么?
　(2) 부정형: 汉语不难。
　　　의문문: 汉语难吗? / 汉语难不难?
4. (1) 你学习什么?
　(2) 汉语难不难?
　(3) 我学习书法。

제10과

1. (1) zǎofàn　아침 밥.
　(2) yǐhòu　이후.
　(3) yīnyuè　음악.
　(4) gōngzuò　일(하다).
　(5) yínháng　은행.
2. (1) 我在学校工作。
　　　我在图书馆工作。
　(2) 我是老师。
　　　我是留学生。
3. (1) 아침 식사 후에 뭘 할 거니?
　(2) 저는 베이징대학에서 공부합니다.
　(3) 저는 은행에서 일합니다.
4. (1) 你做什么工作?
　(2) 我听音乐。
　(3) 我爸爸教英语。

제11과

1. (1) túshūguǎn　도서관.
　(2) Gùgōng　고궁. 옛 왕궁.
　(3) shàngbān　출근하다.
　(4) màoyì　무역. 교역. 매매. 거래.
　(5) mìshū　비서. (재외 공관의) 서기관.
2. (1) 我到公司去。
　　　我到北京去。
　　　我到学校去。

부록　195

  (2) 食堂离那儿远吗?
    公司离图书馆远吗?
    银行离故宫远吗?
3. (1) 나는 도서관에 간다.
  (2) 고궁은 여기서 멉니까?
  (3) 저는 무역회사에서 비서로 일합니다.
4. (1) 不太远。
  (2) 我去上班。
  (3) 你去哪儿? / 你到哪儿去?

제12과

1. (1) gāo'ěrfūqiú 골프.
  (2) kěxī 애석하다. 안타깝다.
  (3) diànyǐng 영화.
  (4) yǒu yìsi 재미있다.
  (5) cài 음식. 요리.
2. (1) 我吃过韩国菜。
    我吃过英国菜。
  (2) 你想看什么?
    你想听什么?
3. (1) 저는 골프를 좋아합니다.
  (2) 중국요리 먹어 본 적 있나요?
  (3) 중국영화는 재미있나요?
4. (1) 你喜欢什么运动?
  (2) 我喜欢吃中国菜。
  (3) 我什么都喜欢吃。

제13과

1. (1) qǐngwèn 말씀 좀 묻겠습니다.
  (2) yóujú 우체국.
  (3) duìmiàn 맞은편. 건너편.
  (4) gōngyuán 공원.
  (5) chāoshì 슈퍼마켓.
2. (1) 邮局不在银行的旁边。
  (2) 公园不在银行对面。

   (3) 超市不在银行附近的国际大厦里。
3. (1) 말씀 좀 묻겠습니다, 도서관은 어디에 있나요?
  (2) 우체국은 은행 옆에 있습니다.
  (3) 공원 근처에 슈퍼마켓이 있나요?
4. (1) 公园在哪儿?
  (2) 邮局在公园对面。
  (3) 超市在银行附近的国际大厦里。

제14과

1. (1) rènshi   알다. 인식하다.
  (2) gāoxìng   기쁘다.
  (3) jièshào   소개하다.
  (4) xīwàng   (생각하는 것이 실현되기를) 희망하다. 바라다.
  (5) guānzhào   돌보다. 보살피다. 배려하다.
2. (1) 我不学习汉语。
  (2) 我不是韩国语老师。
  (3) 我不爱看电影。
  (4) 我不是从韩国来的。
3. (1) 저는 3반 학생입니다.
  (2) 여러분들과 좋은 친구가 되기를 바랍니다.
  (3) 저는 장래에 중국에서 일하고 싶습니다.
4. (1) 请多多关照。
  (2) 他们也是留学生。
  (3) 我的性格热情开朗。

제15과

1. (1) Měiguó   미국.
  (2) hànyǔ   중국어.
  (3) Gùgōng   고궁. 옛 왕궁.
  (4) shàngbān   출근하다.
  (5) gāo'ěrfūqiú   골프.
  (6) kěxī   애석하다. 안타깝다.
  (7) yóujú   우체국.
  (8) yínháng   은행.

연습문제 정답

   (9) gōngyuán 공원.
   (10) chāoshì 슈퍼마켓.
2. (1) 音乐 음악.
  (2) 工作 일.
  (3) 汉字 한자.
  (4) 发音 발음.
  (5) 公司 회사.
  (6) 秘书 비서.
  (7) 运动 운동.
  (8) 电影 영화.
  (9) 对面 맞은편.
  (10) 附近 부근. 근처.
3. (1) 我不学习汉语。
  (2) 汉语不难。
  (3) 我不在银行工作
  (4) 他不是中学老师。
  (5) 他不教英语。
  (6) 我不喜欢看电影。
  (7) 公园不在银行对面。
  (8) 超市不在银行附近的国际大厦里。
  (9) 我不是从韩国来的。
  (10) 我不是三班的学生。
4. (1) 당신은 무엇을 배웁니까?
  (2) 한자는 어렵지만, 발음은 그다지 어렵지 않습니다.
  (3) 아침 식사 후에 뭘 할 거니?
  (4) 저는 베이징대학에서 공부합니다.
  (5) 당신 아버지께서는 무슨 일을 하십니까?
  (6) 저는 고궁에 갑니다.
  (7) 저는 무역회사에서 비서로 일합니다.
  (8) 말씀 좀 묻겠습니다, 도서관은 어디에 있나요?
  (9) 저는 여러분들과 좋은 친구가 되기를 바랍니다.
  (10) 저는 장래에 중국에서 일하고 싶습니다.
5. (1) 你学习什么?
  (2) 汉语难不难?
  (3) 我听音乐。
  (4) 你做什么工作?
  (5) 我喜欢高尔夫球。
  (6) 你吃过中国菜吗?
  (7) 中国电影有没有意思?

198 교양 중국어 첫걸음

(8) 邮局在银行的旁边。
(9) 你们好，认识你们很高兴。
(10) 他们都不是韩国人。

단어 색인

[B]

班	bān	(명) 조. 그룹. 반.	162
北京	Běijīng	(고유) 베이징.	92
博物馆	bówùguǎn	(명) 박물관.	68
不错	búcuò	(형) 괜찮다. 좋다.	92
不客气	búkèqi	천만에요. 별말씀을요.	26

[C]

菜	cài	(명) 음식. 요리.	142
超市	chāoshì	(명) 슈퍼마켓.	152
成为	chéngwéi	(동) …이(가) 되다. …(으)로 되다.	162
吃	chī	(동) 먹다.	122
春天	chūntiān	(명) 봄.	92
从	cóng	(개) …부터. …을 기점으로.	162

[D]

打	dǎ	(동) (놀이, 운동을) 하다.	142
到	dào	(개) …에. …로. …까지.	132
点	diǎn	(양) 시(時).	80
电影	diànyǐng	(명) 영화.	142
都	dōu	(부) 모두. 다. 전부.	142
对	duì	(형) 맞다. 옳다.	58
对不起	duìbuqǐ	미안합니다.	26
对面	duìmiàn	(명) 맞은편. 건너편.	152
多大	duōdà	몇 살입니까?	80
多少	duōshǎo	(대) 얼마.	80

[F]

| 发音 | fāyīn | (명) 발음. | 112 |

非常	fēicháng	(부) 매우.	92
分	fēn	(양) (시간의) 분.	80
附近	fùjìn	(명) 부근. 근처.	152

[G]

高尔夫球	gāo'ěrfūqiú	(명) 골프.	142
高兴	gāoxìng	(형) 기쁘다.	162
个	ge	(양) 개.	68
跟	gēn	(개) …와(과).	162
公司	gōngsī	(명) 회사. 직장.	132
公园	gōngyuán	(명) 공원.	152
工作	gōngzuò	(명·동) 일(하다).	122
关照	guānzhào	(동) 돌보다. 보살피다. 배려하다.	162
故宫	Gùgōng	(고유) 고궁. 옛 왕궁.	132
国	guó	(명) 나라. 국가.	58
国际大厦	Guójì dàshà	(고유) 국제빌딩.	152

[H]

韩国	Hánguó	(고유) 한국.	58
汉语	hànyǔ	(명) 중국어.	112
汉字	hànzì	(명) 한자.	112
号	hào	(명) 일. [날짜를 가리킴]	80
好	hǎo	(형) 좋다. 건강하다.	26
很	hěn	(부) 매우. 몹시.	38
会	huì	(조동) (배워서) …를 할 수 있다. …할 줄 알다.	142

[J]

几	jǐ	(대) 몇.	68
家	jiā	(명) 집.	68
		(양) 집·점포·공장 등을 세는 단위.	132

부록 **201**

단어 색인

将来	jiānglái	(명) 장래. 미래.	162
教	jiāo	(동) 가르치다.	122
叫	jiào	(동) (이름을) ~라고 부르다.	50
姐姐	jiějie	(명) 누나. 언니.	68
介绍	jièshào	(동) 소개하다.	162
今年	jīnnián	(명) 올해. 금년.	80
今天	jīntiān	(명) 오늘.	80

[K]

开朗	kāilǎng	(형) (생각·마음·성격 등이) 낙관적이다. 명랑하다. 유쾌하다.	162
可惜	kěxī	(형) 애석하다. 안타깝다.	142
口	kǒu	(양) 명.	68
裤子	kùzi	(명) 바지.	80

[L]

老师	lǎoshī	(명) 선생님.	26
了	le	(조) 동사 또는 형용사 뒤에 쓰여 동작이 이미 완성되었음을 나타낸다.	162
冷	lěng	(형) 춥다.	92
离	lí	(개) …에서. …로부터. …까지.	132
两	liǎng	(수) 둘.	68
留学生	liúxuéshēng	(명) 유학생.	58

[M]

吗	ma	(조) 문장 끝에 쓰여 의문을 나타낸다.	38
麦克	Màikè	(고유) 마이클(Michael).	162
忙	máng	(형) 바쁘다.	38
贸易	màoyì	(명) 무역. 교역. 매매. 거래.	132
没关系	méiguānxi	괜찮습니다. 천만에요.	26
美国	Měiguó	(고유) 미국.	112
美国人	měiguórén	(명) 미국인.	162

202 교양 중국어 첫걸음

们	men	(접미) ～들.	26
秘书	mìshū	(명) 비서. (재외 공관의) 서기관.	132
名字	míngzi	(명) 이름.	50
明天	míngtiān	(명) 내일.	92

[N]

哪	nǎ	(대) 어느. 어떤.	58
难	nán	(형) 어렵다.	112
呢	ne	(조) 문장 끝에 쓰여 의문이나 진행의 어감을 나타낸다.	38
你	nǐ	(대) 너. 당신.	26
念书	niànshū	(동) 공부하다.	122

[P]

| 旁边 | pángbiān | (명) 옆. 곁. | 152 |

[Q]

| 钱 | qián | (명) 돈. 화폐. | 80 |
| 请问 | qǐngwèn | 말씀 좀 묻겠습니다. | 152 |

[R]

热	rè	(형) 덥다.	92
热情	rèqíng	(형) 열정적이다. 친절하다. 다정하다.	162
人	rén	(명) 사람.	58
认识	rènshi	(동) 알다. 인식하다.	162

[S]

| 上 | shang | (명) ～위에. ～에. | 68 |
| 上班 | shàngbān | (동) 출근하다. | 132 |

부록 **203**

단어 색인

什么	shénme	(대) 무엇. 무슨.	50
是	shì	(동) ~이다.	58
书包	shūbāo	(명) 책가방.	68
书法	shūfǎ	(명) 서예.	112
说	shuō	(동) 말하다.	92
四	sì	(수) 4. 넷.	68
宋大韩	Sòngdàhán	(고유) 송대한.	162
宋民国	Sòngmínguó	(고유) 송민국.	162
宋万岁	Sòngwànsuì	(고유) 송만세.	162
岁	suì	(양) 살. 세.	80

[T]

她	tā	(대) 그녀.	38
太	tài	(부) 매우. 별로. 그다지.	38
天气	tiānqì	(명) 날씨.	92
条	tiáo	(양) 가늘고 긴 것이나 가늘고 긴 느낌이 있는 유형(有形)·무형(無形)의 것을 세는 단위.	80
听	tīng	(동) 듣다.	122
同岁	tóngsuì	(형) 동갑이다. 같은 나이이다.	80
同学	tóngxué	(명) 학우. 학교 친구.	26
图书馆	túshūguǎn	(명) 도서관.	132

[W]

完	wán	(동) 마치다. 끝나다. 완결되다.	162
王小丽	Wángxiǎolì	(고유) 왕샤오리.	50
我	wǒ	(대) 나. 저.	38

[X]

希望	xīwàng	(동) (생각하는 것이 실현되기를) 희망하다. 바라다.	162
喜欢	xǐhuan	(동) 좋아하다.	92
下雨	xiàyǔ	(동) 비가 내리다.	92

夏天	xiàtiān	(명) 여름.	92
谢谢	xièxie	감사합니다. 고맙습니다.	26
星期	xīngqī	(명) 요일.	80
性格	xìnggé	(명) 성격.	162
姓	xìng	(동) (성이) ~이다.	50
学习	xuéxí	(동) 배우다. 공부하다.	112

[Y]

也	yě	(부) ~도. 역시.	38
一下	yíxià	(수량) '시험 삼아 해 보다'. '좀 …하다'	162
以后	yǐhòu	(명) 이후.	122
音乐	yīnyuè	(명) 음악.	122
银行	yínháng	(명) 은행.	122
英国	Yīngguó	(고유) 영국.	58
英国人	yīngguórén	(명) 영국인.	162
邮局	yóujú	(명) 우체국.	152
有	yǒu	(동) ~이 있다.	68
有意思	yǒu yìsi	재미있다.	142
预报	yùbào	(명) 예보.	92
远	yuǎn	(형) 멀다.	132
约翰	Yuēhàn	(고유) 존(John).	162
月	yuè	(명) 달. 월.	80
运动	yùndòng	(명·동) 운동(하다).	142

[Z]

再见	zàijiàn	안녕히 가세요(계세요). 안녕!	26
在	zài	(개) …에서.	122
早饭	zǎofàn	(명) 아침 밥.	122
怎么样	zěnmeyàng	(대) 어떠하다. 어떻다.	92
这儿	zhèr	(대) 이곳. 여기.	68

부록 **205**

단어 색인

真	zhēn	(부) 정말. 진실로.	92
中学	zhōngxué	(명) 중등(중·고등)학교.	122
桌子	zhuōzi	(명) 탁자. 책상.	68
做	zuò	(동) ~하다. 만들다.	122

저 자

김 재 민 한양여자대학교 통상중국어과 교수
김 정 희 한양여자대학교 통상중국어과 교수
김 상 원 한양여자대학교 통상중국어과 교수
권 수 전 한양여자대학교 통상중국어과 교수
서 희 명 한양여자대학교 통상중국어과 교수

교양 중국어 첫걸음

초판 1쇄 인쇄	2015년 03월 02일
초판 1쇄 발행	2015년 03월 10일

저 자	김재민·김정희·김상원·권수전·서희명
발 행 인	윤석현
발 행 처	제이앤씨
책임편집	최인노·김선은·최현아
등록번호	제7-220호
우편주소	㈜ 132-881 서울시 도봉구 우이천로 353 / 3F
대표전화	02) 992 / 3253
전 송	02) 991 / 1285
홈페이지	http://www.jncbms.co.kr
전자우편	jncbook@hanmail.net

ⓒ 김재민·김정희·김상원·권수전·서희명 2015 All rights reserved. Printed in KOREA

ISBN 978-89-5668-209-9 13720   정가 14,000원
(MP3 파일 다운로드 www.jncbook.co.kr)

* 이 책의 내용을 사전 허가 없이 전재하거나 복제할 경우 법적인 제재를 받게 됨을 알려드립니다.
** 잘못된 책은 구입하신 서점이나 본사에서 교환해 드립니다.